CB079808

PARE E REZE!

OBRAS DO AUTOR

A dança do amor, 2ª ed.
A liberdade atrás das grades, 2ª ed.
A oração das Horas
A oração de Jesus e a nossa oração, 2ª ed.
A procura de Deus
Arca da aliança, orações e celebrações mariais
A Virgem da vida
Caminhar com Maria, 2ª ed.
Catecismo da oração
Deixe-se amar – Experiência de Deus com Teresa D'Ávila, 6ª ed.
Devocionário de Santa Teresinha, 4ª ed.
Edith Stein, Holocausto para seu povo
Eu te amo, não tenhas medo, 3ª ed.
Eu Teresinha do Menino Jesus, 2ª ed.
Francisco Palau - Profeta da esperança
Mística e compromisso, 2ª ed.
Ninguém pode viver sozinho, 2ª ed.
Nossa Senhora da América Latina
Nunca caminhe sozinho, 2ª ed.
Oração dos místicos, 2ª ed.
Orar a oração ontem e hoje
Orar através da história
Orar com o Rosário
Orar com os cinco sentidos
Orar momentos de oração em família
Orar rezar bem rezar mal
Orar Teresa de Lisieux
O sorriso de Deus
Pare e reze
Projeto pessoal de vida pessoal
Religiosos nômades de Deus, 2ª ed.
Salmos: grito do homem e resposta de Deus
Santa Terezinha da América Latina – pensamentos, 2ª ed.
Santa Teresinha de A a Z, 2ª ed.
São João da Cruz, 2ª ed.
São Rafael Kalinowski
São Vicente Pallotti a caridade de Cristo nos impulsiona
Seja feliz 3ª ed.
Ser pequena para ser grande
Teresa d'Avila, 2ª ed.
Um salmo para cada dia

Frei Patrício Sciadini, O.C.D.

PARE E REZE!

Edições Loyola

Edições Carmelitanas

Edições Loyola
Rua 1822 nº 347 – Ipiranga
04216-000 São Paulo, SP
Caixa Postal 42.335
04299-970 São Paulo, SP
Fone (011) 6914-1922
Fax: (011) 63-4275
Home page: www.ecof.org.br/loyola
e-mail: loyola@ibm.net

Todos os direitos reservados. Nenhuma parte desta obra pode ser reproduzida ou transmitida por qualquer forma e/ou quaisquer meios (eletrônico, ou mecânico, incluindo fotocópia e gravação) ou arquivada em qualquer sistema ou banco de dados sem permissão escrita da Editora.

ISBN: 85-15-**00944**-7

1ª reimpressão: março de 1997

© EDIÇÕES LOYOLA, São Paulo, dezembro de 1994

ÍNDICE

INTRODUÇÃO

Neste livro de Frei Patrício Sciadini ressoam como um estribilho as palavras do título: *Pare e Reze*.

Julgo que o convite para nos deter e rezar é especialmente atual em nosso mundo de rápidas e tão profundas mudanças. Corremos o perigo de nos deixar envolver por elas e não penetrar no sentido da vida e dos acontecimentos.

O autor, com a simplicidade e clareza que o caracterizam, parte da constatação de que somos seres que caminham e evoluem. A vida é uma aventura. O caminho não está traçado. Nós o vamos abrindo à medida que avançamos, com esforço e fadiga. Encontramos nele contínuas surpresas e experimentamos a solidão e a insegurança existencial. E é aqui precisamente, nos ensina o livro, que se insere a oração cristã; o diálogo com Deus, nosso Pai e amigo. Graças à oração constatamos o que somos; o que é a realidade das pessoas e das coisas, pois tudo vemos a partir de Deus, princípio e fim de tudo quanto existe.

A oração é uma necessidade de nosso ser. Ao descobrir Deus nas pessoas, nas coisas, nos acontecimentos, sentimos a exigência de falar com Ele e perguntar-lhe o porquê de tantas situações conflitivas, dolorosas, inexplicáveis. Ele nos falou de muitas maneiras no decorrer da História, porém o fez de modo especial e definitivo através de seu Filho, que é a sua Palavra. Em Cristo encontramos a resposta para nossas perguntas acerca de Deus, de nós mesmos e daquilo que acontece no mundo.

Frei Patrício nos vai conduzindo pela mão para "parar e rezar", através de breves capítulos que transbordam experiência pessoal e estão enriquecidos com a experiência bíblica e a dos grandes santos.

Começamos perguntando a Deus onde Ele se encontra e O descobrimos na criação, lugar onde deixou os seus rastros. Depois, nós O contemplamos nas pessoas; sobretudo, nós O vemos e ouvimos em Jesus Cristo. Ele, com seu exemplo e seus ensinamentos, nos traça o caminho da autêntica oração. Enviando seu Espírito, transforma-nos em filhos de Deus. Por isso, podemos nos dirigir ao Pai como Jesus mesmo o fez, chamando-O com a confiança que vem expressa pelo diminutivo aramaico: *Abbá*.

O Espírito vai guiando a nossa oração. Começamos pedindo por nós e por nossas necessidades. Em um segundo momento, esquecemo-nos de nós mesmos e nos preocupamos com os demais. Eles se transformam no tema de nossa oração. Nosso diálogo com Deus muda gradualmente em uma ação de graças por tudo o que acontece. Com Jesus damos graças ao Pai porque revela seus segredos aos simples e pobres. Na Eucaristia nos unimos também ao seu oferecimento e disponibilidade e aprendemos que a oração é a escuta da Palavra de Deus que nos leva ao compromisso com os irmãos. Ensaiamos a oração de oferecimento de Jesus ao Pai; de entrega de nós mesmos, do nosso viver e do nosso mundo, que devolvemos a Deus de maneira consciente.

O Batismo, a Confirmação e o Sacramento da Reconciliação nos ensinam aspectos que não podem faltar em nossa oração cristã: a certeza de que somos filhos de Deus que devem responder com amor à iniciativa do Pai; a presença do Espírito que ora em nós e nos dá força para testemunhar a vida e a ressurreição do Senhor Jesus e para ser sinal do Deus vivo e, finalmente, a humildade de quem se sabe pecador e necessitado da misericórdia e do perdão divinos. Os capítulos dedicados à oração litúrgica nos abrem estes e outros horizontes.

A síntese da oração cristã que engloba todos os elementos e perspectivas da mesma é o *Louvor*. Através dele, como os bem-aventurados, pedimos, damos graças, abrimo-nos a Deus, que quer se comunicar conosco. A Liturgia das Horas é uma escola para a oração de louvor. Cada dia se inicia com a petição: "Abri, Senhor, os meus lábios e minha boca anunciará o vosso louvor".

Espero que a leitura das páginas de *Pare e Reze* seja para muitos uma iniciação numa vida de oração cristã autêntica e profunda. Igualmente confio que as citações de textos cristãos do passado sejam uma porta de entrada ao conhecimento da experiência oracional de outras gerações, raiz e fundamento de nossa experiência presente. Que Maria, a Virgem orante, que acompanhou os discípulos na oração antes de receberem o Espírito em Pentecostes (At 1,14), acompanhe os leitores deste livro como mestra e modelo de oração.

Roma, 11 de fevereiro de 1993.

Fr. Camilo Maccise, OCD
Prepósito Geral

DO MÉTODO

Pode parecer estranho que, ao follhear os Escritos de Teresa e João, que passaram para a história da Igreja como "os Orantes", não encontremos um método de oração que exemplifique a maneira teresiana de orar. Mas essa é só a primeira impressão! Se os reformadores do Carmelo não tiveram a preocupação de sistematizar a oração, empenharam-se em transmitir aos carmelitas e a todos os que se achavam ligados à espiritualidade do Carmelo teresiano (por exemplo, Dona Ana de Peñalosa, leiga, viúva, a quem São João da Cruz dedicou a *Chama Viva de Amor*, seu mais denso trabalho sobre mística e vida espiritual!) conselhos e diretrizes para conduzir à mais alta intimidade com Deus.

Tornou-se tradicional a imagem de santa Teresa com suas monjas à beira do fogo, tratando da oração com toda a simplicidade, enquanto preparava a comida. As famosas "colações espirituais " de são João da Cruz, que reunia seus noviços para lhes alimentar a alma, é outro exemplo do magistério oral dos carmelitas, atentos a ensinar o trato amistoso com Deus.

De qualquer forma, se agora não mais temos os santos ao nosso lado para nos sussurrar os segredos do divino colóquio, temos seus escritos como legado espiritual ainda que não esquematizado.

Vida, *Caminho de Perfeição*, *Castelo Interior* e até *Fundações* manifestam, através da experiência pessoal de santa Teresa, o itinerário da alma que, da meditação chega à contemplação. São João da Cruz, principalmente com a *Subida do Monte Carmelo* e a *Noite Escura*, dá conselhos que elevam o espírito aos mais elevados graus da vida mística. No *Cântico Espiritual*, conta-nos a história da alma que reza e, sempre insistindo sobre a vida teologal, ensina uma postura orante.

Ao lado desse valioso e imperecível tesouro, os primeiros carmelitas, tendo em vista a formação dos noviços, deram-nos outros que justamente vêm suprir o que não fizeram os reformadores. Redigiram, fundamentados nos ensinamentos que receberam dos próprios santos Teresa e João, o que, depois, convencionou-se chamar método teresiano de oração. O opúsculo apresentava a oração teresiana composta de seis partes: Preparação, Leitura, Colóquio, Agradecimento, Oferta e Petição.

1. *Preparação:*

A fim de que o momento de intimidade com Deus seja autêntico e verdadeiro, é necessário preparar-se para ele. Todos os acontecimentos do dia e todas as nossas forças devem ser canalizados para este encontro. Assim, podemos distinguir dois aspectos da preparação. Aquele que convencionamos chamar "preparação remota" e o outro denominado "prepração próxima".

a) A preparação remota consiste em defender o espírito das distrações e movimentos desregrados de nosso ser. Trata-se de um postura de vigilância, pois todo o aparato externo que nos envolve provoca impressões em nossos sentidos que impedem o recolhimento interior. Quem já não experimentou o efeito de um ritmo que, gravado em nossa memória, não nos permite formular um único pensamento, roubando o espaço que pertencia a Deus? Quem de nós já não teve a memória presa a uma imagem capaz de provocar muitos pensamentos e histórias, sem suscitar nenhuma idéia para as coisas do Alto? Quem já não se lamentou por não ter controlado o próprio temperamento e, vítima de um deslize de impaciência, ter deixado escorrer a paz necessária para escutar a brisa suave em que o Senhor fala? Pode parecer antiquada, mas a tradicional "guarda dos sentidos" é tão necessária à vida de oração quanto a água para germinar a semente.

De resto, é o que nos assegura santa Teresa: "Oração e vida cômoda não andam juntas" (*Caminho* 4,2). E outra coisa não faz são João da Cruz, traçando o seu *Monte de Perfeição* com os famosos "nadas" explicados em seus tratados.

Mas, ao lado deste empenho negativo, é necessário também um empenho positivo. Como falar com Deus na oração se durante nossas ocupações materiais mais simples não pensamos nele, não mantemos contato com Ele? A preparação remota exige também um forte exercício da presença de Deus. Deixar à margem a atividade para levantar o coração a Deus, buscar repouso nele, desabafar, agradecer. Se um desgosto nos abate em meio ao dia, por que não pedir conforto a Ele? Se uma boa notícia nos chega, por que não agradecer a Quem nos cumula de dons?

Desses dois aspectos da preparação remota depende toda a nossa oração. A relação de dependência entre elas é direta e proporcional.

Santa Teresa nos resume a essência desse exercício;

"...Temos de nos desocupar de tudo para chegar interiormente a Deus e, ainda nas mesmas ocupações, retirar-nos em nós mesmos. Ainda que seja por um momento, aquele recordar que tenho companhia dentro de mim é de grande proveito" (*Caminho* 29,5).

b) A preparação próxima deve servir para nos aproximar do Senhor. É o momento em que todo o esforço anterior desabrocha em nosso ser, tornando fácil e fecundos os primeiros atos que abrem nosso momento de oração. De fato, já com a mente alimentada de conceitos divinos, o coração acalentado de desejo de amor, os sentimentos que queremos verter sobre o coração de Deus fluem naturalmente. Após ter passado o dia pensando em quem é Deus e em quem somos nós, estando atentos às coisas do Pai, torna-se espontâneo o sentimento de humildade, de filial confiança e de puro amor.

"A primeira coisa, já se sabe, é fazer o sinal-da-cruz, examinar a consciência e depois dizer o *Confiteor*. Logo em seguida, filhas, procurai achar companhia, pois estais sós.

E que melhor companhia que a do próprio Mestre? Afinal foi ele que nos ensinou a oração que ides rezar. Fazei de conta que tendes o próprio Senhor junto de vós e vede com que amor e humildade vos está ensinando.

Crede-me, filhas acostumai-vos quanto puderdes a estar sempre com tão bom amigo, trazendo-o assim presente. Ele verá que lhe tendes amor e andais buscando meios de o contentar. Não podereis, como se diz, afastá-lo de vosso lado, e ele nunca vos faltará. Será vosso auxílio em todos os vossos sofrimentos. É pouco ter sempre tal amigo ao vosso lado?" (*Caminho* 26,1).

2. Leitura

A leitura tem por fim proporcionar o argumento de nossa conversação com Deus. "Servir-se de um bom livro também é de grande auxílio para recolher as idéias e rezar bem as orações" (*Caminho* 26,10). Não se trata evidentemente de leitura espiritual, isto é, leitura instrutiva e doutrinária sobre coisas espirituais. A leitura a que nos referimos deve nos chamar a uma verdade que, meditada, nos ilumine sobre um aspecto do amor de Deus, capaz de suscitar em nós o desejo de responder a este amor. É conveniente, portanto, escolher um tema concorde com a situação existencial da alma.

Numa situação de tristeza, por exemplo, os temas sobre a paixão; numa situação de preocupação, os temas que se referem ao abandono e confiança; numa situação de alegria, a transformação no Tabor ou um tema pascal etc. (cf. *Caminho* 26,5).

Via de regra, a leitura deve ser feita antes da preparação próxima, pois uma vez já assimilado o tema, durante a oração devemos vivenciá-lo, devemos torná-lo expressão de nossa afetividade para com Deus. Isso não significa que não se possa carregar o texto de leitura para a oração. A própria santa Teresa atesta que por mais de anos não conseguia rezar sem o auxílio de um livro. . Mas, isso não quer significar que a oração pode se tornar uma leitura. Não é difícil que nos encontremos cansados ou preocupados e que, assim, a atenção para com Deus resulte dificultosa. Então, a maneira mais prática de retornar a Deus será colher da leitura um bom pensamento que volte a nos entreter com ele.

3. Colóquio

Esta é a parte central da oração carmelitana. Os pontos precedentes só têm utilidade à medida que conduzem ao colóquio. Santa Teresa nos diz que a oração é um ato de intimidade com Deus, de primazia do amor (cf. *Vida* 8,5). O colóquio é, portanto, a própria oração, o centro do método teresiano.

A santa Madre sugere que se inicie o colóquio com uma consideração ou meditação sobre o ponto de leitura.

"Tornemos agora ao que dizia sobre o pensar em Cristo atado à coluna. É bom raciocinar um pouco e pensar nas penas que ali teve. Por quem as sofreu, quem é e o que padeceu e com que amor as passou" (*Vida* 13,22).

Em seguida, quando a vontade tende a manifestar sua afetividade para Deus, cessa-se esta consideração e se dá vôo ao coração. Nossos afetos podem ser expressos de diversas maneiras: com palavras pronunciadas vocalmente, ou de um modo totalmente "interior", isto é, com expressões do coração e da vontade. Pode-se ainda usar uma frase breve e densa de significado, como as jaculatórias ou versículos dos salmos; ou uma expressão mais longa cuja idéia e mensagem nos aproxima de Deus.

"Mas não se canse a alma em andar sempre buscando raciocínios, antes fique ali com ele, deixando calar o intelecto. Se puder, ocupe-se em ver que o Senhor a está olhando, faça-lhe companhia, fale, peça, humilhe-se, rejubile-se com ele lembre-se de que não merecia estar ali" (*Vida* 13,22).

O texto citado acima não somente aponta a primazia da afetividade sobre o discurso, mas também revela que, justamente por se tratar de um diálogo com Deus, não cabe à alma ficar continuamente falando. Não é a verbosidade, os artifícios da "auto" retórica ou a insistência que constituem esta etapa da oração. Ao mesmo tempo que externamos nossos sentimentos envolvidos no amor, fazemos pausas e silêncios em sinal de acolhimento e escuta da palavra divina. Evidentemente, não se trata de escutar a voz de Deus de modo sensível, mas da infusão de graça que nos permite entender melhor os caminhos de Deus e nos inflama a viver mais intensamente a caridade.

"... o que podemos fazer de nossa parte é buscar solidão. E praza a Deus que isto nos baste, para entender que estamos na presença do Senhor e que ele responde aos nossos pedidos. Pensais que está calado porque não o ouvimos? Bem que ele fala ao coração, quando de coração lhe rezamos" (*Caminho* 24,5).

4. Agradecimento

É o primeiro aspecto conclusivo da oração. É o momento em que apresentamos a Deus o nosso agradecimento pelo tempo da oração, por nos ter chamado à sua divina presença, por nos ter iluminado os seus desígnios de amor e nos ter iluminado com sua doutrina.

5. Oferta

É o momento em que, reconhecidos e gratos ao amor divino, entregamo-nos a Deus, fazemos nossos propósitos de progresso na virtude como prova do amor que temos por Aquele que primeiro nos amou.

6. Petição

Como o próprio nome indica, trata-se de pedir a Deus algum favor. Este pode ser de qualquer ordem, mas devemos sempre ter em mente que quem ama tem no coração os interesses do Amado. Santa Teresa queria que suas filhas tivessem uma vida capaz de contribuir de modo intenso e singular para a santificação da Igreja. Aquilo que ela incessantemente pedia ao Senhor de seu coração era a salvação carmelitana e, certamente, é também a razão-estímulo da oração de todos aqueles que amam a Deus.

AMIGO,

Começo este livro sem encabeçar títulos ou enumerar capítulos. Pode parecer estranho, mas na verdade o que quero agora é lhe fazer um convite.

Muitas vezes já ecoaram em seu coração aquelas palavras de Jesus:

> "Vinde sozinhos para um lugar deserto" (Mc 6,31).

O anseio por um momento de repouso em Deus já lhe fez suspirar muito e, então, lhe veio à mente a figura de Jesus que chama:

> "Vinde a mim todos vós, fatigados e sobrecarregados, e eu vos aliviarei" (Mt 11,28).

Também muitas vezes a vontade de entrar no quarto, fechar a porta e rezar ao Pai, no escondimento (cf. Mt 6,4ss.), tornou-se uma necessidade imprescindível, um ímpeto vital.

Então...
PARE!
Pare o seu trabalho...
e deixe suas mãos vazias.
Pare a sua mente...
e deixe livre a sua imaginação.
Pare o seu relógio...
e deixe de lado as preocupações.
Silencie tudo.
Ponha as mãos sobre o peito...
e deixe o coração amar.

PARE E REZE.

Amigo, é o que vou fazer agora e lhe convido para me acompanhar nesta aventura maravilhosa, neste ir ao encontro de Deus.

Considero-me um nômade sem morada e sem destino. Apaixonado do Infinito, que nunca pode ser possuído em sua plenitude, ando à procura Daquele único Alguém que pode prencher todos os vazios do coração.

Gosto de procurar nas páginas da Bíblia os profetas, marcados pela sede de justiça e amor, que, sem se cansar, vivem o drama e a angústia da busca. É a aventura de Abraão, que, sem saber para onde ia, pôs-se a caminho.

> "O Senhor disse a Abraão: 'Sai de tua terra, de tua parentela, da casa de teu pai e vai para a terra que eu te mostrarei. Farei de ti um grande povo e te abençoarei, engrandecendo o teu nome, de modo que se torne uma bênção. Abençoarei os que te abençoarem, e amaldiçoarei os que te amaldiçoarem. Com teu nome serão abençoadas todas as famílias da terra'.
> Abraão partiu como o Senhor lhe havia dito e Ló foi com ele" (Gn 12,1-4).

É o caminho de Elias, que, chocado pela injustiça ao seu redor, decide-se a enfrentar os sacerdotes de Baal e a defender corajosamente o Deus vivo, Aquele que com seu amor queima-lhe o coração.

> "Em seguida, a palavra do Senhor foi dirigida a Elias nestes termos: 'Parte daqui e toma a direção do Oriente; vai esconder-te junto ao córrego de Carit que se acha a leste do Jordão. Lá, tu beberás do córrego; dei ordem aos corvos para te levarem provisões'. Elias se pôs a caminho conforme a ordem do Senhor, indo parar junto ao córrego de Carit que corre a leste do Jordão. Os corvos lhe

> traziam pão e carne, tanto de manhã como de tarde, e ele tomava água do córrego" (1Rs 17,2-6).

É a pessoa simpática, corajosa, cheia de ternura e doçura de Moisés, que enfrenta o próprio projeto de Deus, acaba seduzido pela luz e verdade, sobe a montanha do Sinai e se deixa envolver pela força do mistério (cf. Ex 3ss.).

Mas, em meu nomadismo em busca de Deus, ninguém me seduz tanto quanto Jesus de Nazaré.

> "Ele, subsistindo na condição de Deus, não pretendeu reter para si ser igual a Deus. Mas aniquilou-se a si mesmo, assumindo a condição de servo por solidarismo com os homens. E, apresentando-se como simples homem, humilhou-se, feito obediente até a morte, até a morte de cruz. Pelo que também Deus o exaltou e lhe deu o nome que está acima de todo nome. Para que ao nome de Jesus se dobre todo o joelho de quantos há no céu, na terra e nos abismos. E toda língua confesse que Jesus é o Senhor, para a glória de Deus Pai" (Fl 2,6-11).

É belo parar e contemplar o Verbo, que não retém para si o ser igual a Deus, mas, mergulhado no silêncio absoluto da divindade, vem, por amor, fixar sua tenda entre nós.

O Verbo se fez e se faz carne para habitar entre nós. Nós buscamos a Deus, mas Deus nos procura para nos amar e nos revestir de sua luz.

Iluminados por Ele, temos a possibilidade de enfrentar a noite, caminhando rumo ao nascer do sol. O nomadismo do coração nos faz experimentar o sabor da aventura, que, embora seja carregada de medo, infunde esperança.

No ouvido do coração de quem caminhou ressoa o eco do salmista:

> "Espera no Senhor e tem coragem, espera no Senhor!" (Sl 26,14).

Não é possível parar sob o peso dos erros ou dos fracassos, das desilusões e decepções. É necessário caminhar; reerguer-se como Elias e, convidados a comer, devemos comer, pois uma longa viagem nos espera (cf. 1Rs 19,7).

Ele entra no deserto, pisa com os pés descalços na areia incandescente, apóia-se somente no cajado da fé.

Caminhando nas estradas da vida, é inevitável ter o corpo e a alma feridos, machucados. Podem-se contemplar silenciosamente, com complacência ou com revolta, as cicatrizes, os lábios roxos e fechados que, com seu mutismo, relembram o passado. Não ter medo das feridas nem de se ferir é um dom que Deus concede a poucos. Quem deseja a liberdade, em busca das alturas, não se importa de machucar-se para libertar-se das correntes que o escravizam.

Muitos amigos, decepcionados, nos abandonaram. Sozinhos, continuamos a caminhar envoltos na densa escuridão que se vai formando... Caminhamos feridos... desiludidos...

Penso em Emaús, em Jesus que caminha junto com os amigos de Emaús. Hoje, a cena se repete nas longas histórias de nossas vidas.

> "Dois discípulos estavam a caminho de uma aldeia chamada Emaús, distante de Jerusalém cerca de 12 quilômetros, e falavam entre si de todos esses acontecimentos. Enquanto conversavam e discutiam, o próprio Jesus se aproximou e pôs-se a acompanhá-

-los. Seus olhos, porém, estavam como que vendados, e não o reconheceram. Perguntou-lhes então: 'Que conversa é essa que tendes entre vós enquanto caminhais?' Tristes, eles pararam. Tomando a palavra um deles, de nome Cléofas, respondeu: 'És tu o único forasteiro em Jerusalém que ainda não sabe o que aconteceu nestes dias?' Perguntou-lhes ele: 'O que foi?' Disseram: 'A respeito de Jesus de Nazaré. Era profeta poderoso em obras e palavras diante de Deus e de todo o povo. Os sumos sacerdotes e os magistrados o entregaram para ser condenado à morte e crucificado. Nós esperávamos que fosse ele quem iria libertar Israel. Agora, porém, além de tudo, já se passaram três dias desde que essas coisas aconteceram. É verdade que nos assustaram algumas de nossas mulheres. Tendo ido de madrugada ao sepulcro, elas não lhe encontraram o corpo e voltaram dizendo que tinham tido uma aparição de anjos que lhes afirmaram estar ele vivo. Alguns dos nossos foram ao sepulcro, acharam tudo como as mulheres haviam dito; mas não o viram'. E Jesus lhes disse: 'Ó homens sem inteligência e de coração tardo em crer o que os Profetas anunciaram. Então não era necessário que o Cristo padecesse todas essas coisas e entrasse na glória?' E, começando por Moisés e por todos os Profetas, foi-lhes explicando tudo o que a ele se referia em todas as Escrituras" (Lc 24,13-27).

Admiro os dois discípulos de Emaús que tiveram a coragem de não acreditar. Abandonaram todos em Jerusalém, desiludidos com as promessas não cumpridas e não comprovadas da ressurreição. Tristes, tomam o caminho da fuga. Tiveram coragem.

Admiro Jesus que, com amor e discrição, coloca-se ao lado dos dois "fugitivos"; explica-lhes as Escrituras; aceita o convite para permanecer com eles... Como comovem as palavras dos dois discípulos:

"Fica conosco, pois é tarde e o dia já declina".

Jesus se dá a conhecer ao partir o pão. Na partilha da vida sempre se reconhece o amor. Na partilha das coisas, o amor se faz carne; deixa o plano do abstrato e desce ao do concreto. Não se pode mais duvidar que alguém ama quando reparte o que possui. Admiro a coragem de Jesus.

Os discípulos, reconhecendo o Senhor, não podem mais ficar parados. O fogo que antes ardia em seus corações se torna, agora, grande chama, um incêndio.

"Oh! chama de amor viva
Que ternamente feres
De minha alma o mais profundo centro!
Pois não és mais esquiva,
Acaba já, se queres,
Ah! rompe a tela deste doce encontro" (Chama 1).

Todo peregrino, quando descobre uma nascente de água, grita e chama os companheiros também sedentos. O faminto que descobre uma árvore carregada de frutos maduros convoca todos para a festa. Quem não tem morada não tem consigo quase nada, a não ser a velha mochila, na qual pouca coisa pode carregar.

A volta para Jerusalém é rápida. É a pressa de dar a boa notícia: "Ressuscitou!"

É esta a alegria do encontro da coragem da fé e da coragem da humildade de quem volta.

A mais bela explicação sobre a passagem dos discípulos de Emaús me foi dada, alguns anos atrás, em uma celebração eucarística com as crianças. Deus me deu um coração que, diante das crianças, estremece de amor. Amo-as muito, porque em seus olhos incontaminados resplandece o rosto puro e luminoso do Senhor. Celebrando para elas, como faço sempre que posso, antes de ler o Evangelho eu disse:

— Prestem bastante atenção no Evangelho. Depois, vou fazer umas perguntas. Quem me der a resposta certa vai ganhar um pacote de balas e alguns bombons.

Assim, se as crianças não prestassem atenção por interesse no Evangelho, prestariam por interesse nas balas e, certamente, aprenderiam alguma coisa. Na verdade, amigo, dava gosto ver o olhos fixos em mim, sem piscar uma só vez; os ouvidos de todos estavam atentos e o silêncio e a ordem eram exemplares.

Depois da leitura, perguntei:

— O que é que vocês entenderam do Evangelho?

Após alguns instantes de tímido silêncio, uma menina, com dois olhos salientes e brilhantes como estrelas, levantou a mão e disse:

— Eu entendi tudo, os dois homens estavam fugindo Jesus correu atrás deles e disse: "Voltem pra casa comigo porque é melhor pra vocês". Os dois voltaram e ficaram felizes.

Esta resposta, marcada pela simplicidade e profunda intuição, fez-me compreender que em nós há sempre um discípulo de Emaús. Magoados, feridos, tentamos fugir, para reassumir nossa "liberdade". Sempre há também um Jesus que corre atrás de nós e nos explica as Escrituras e reparte o pão conosco.

Deus não se deixa encontrar de uma vez para sempre. Ele se revela, isto é, levanta o véu que o encobre, lentamente... vagarosamente... Cada vez que se suspende um pouco mais o véu, dá-se sempre um novo encontro, um encontro renovador. É a alegria da amizade que cresce e invade o coração e nos convida a permanecer sempre com a porta aberta. Desse modo, quando o Amigo chegar, pode entrar. Ele só bate por respeito a nós e por amor.

> "Eis que estou à porta e bato. Se alguém ouvir minha voz e abrir a porta, entrarei em sua casa e cearemos juntos" (Ap 3,20).

O coração é uma porta que só se abre do lado de dentro. É proibido arrombar a porta; é só não se cansar de bater e num dado momento a porta se abre. Não se pode impor a amizade, o amor. Este é um dom que deve ser oferecido, mas é preciso ter a coragem e a humildade de ver o nosso dom rejeitado.

> "Ele estava no mundo, e por ele o mundo foi feito, mas o mundo não o conheceu. Veio para o que era seu, mas os seus não o receberam" (Jo 1,10-11).

Bem, em meio a tantas dificuldades e dores, quem caminha precisa de um cajado no qual possa se apoiar nos momentos mais trágicos, nas horas de cansaço, contemplando, com os olhos da esperança, o aproximar-se da meta que vai surgindo no horizonte.

O cajado serve para o pastor tocar delicadamente as ovelhas que, no calor do dia, não têm mais vontade de prosseguir o caminho. Eu bem sei disto. Uma das experiências mais marcantes de minha infância foi a de pastor de ovelhas. Minha mãe, Domênica, não sabia nem ler nem escrever. Embora não possuísse a cultura dos livros, conhecia a sabedoria da vida e me tinha ensinado como guiar as ovelhas e usar o cajado para tocá-las para a frente e abrir caminho no mato cerrado. Ah! Eu bem sei como o cajado é importante para levar adiante na caminhada as ovelhas cansadas que não querem prosseguir!

É, amigo, nós precisamos também de um cajado na nossa caminhada...

Tenho um amor todo particular pelo Salmo 22. Leio e releio este texto e, fechando os olhos, com a fantasia — a "louca da casa", como diz Santa Teresa — revivo o meu pobre-rico passado. Não consigo entender como pode haver pessoas com medo do passado. Você tem medo do passado, amigo? De olhar para trás e se reencontrar com tantas coisas, com tantas pessoas, com tantas de suas atitudes? Amo o passado como experiência de vida que me ensina a planejar com mais otimismo o futuro. O passado, com os seus sucessos e com os seus fracassos, é sacramento, sinal visível da mão de Deus que conduz a nossa história. No Salmo 22, pode-se perceber este pano de fundo cheio de paz que nos dá tranqüilidade e acalma o nosso coração. Vamos lê-lo juntos?

"O Senhor é o pastor que me conduz;
não me falta coisa alguma.
Pelos prados e campinas verdejantes
ele me leva a descansar.
Para as águas repousantes me encaminha
e restaura as minhas forças.
Ele me guia no caminho seguro,
pela honra de seu nome,
mesmo que eu passe pelo vale tenebroso,
nenhum mal eu temerei;
estais comigo com bastão e com cajado:
eles me dão a segurança!(...)" (Salmo 22).

Nenhum mal eu temerei! É a frase que dá sentido a toda a vida. É a segurança que o amor gera. Precisamos saber que alguém nos ama, por mais difíceis e complicados que sejamos. Sempre haverá quem, sem mesmo saber por quê, simpatiza conosco, acolhe-nos e, na simplicidade e gratuidade, sabe nos amar e nos corrigir para nos fazer crescer. Onde houver o amor, não haverá espaço para o medo. São João Evangelista nos ensina que o amor afugenta o temor.

Caminhar... É necessário caminhar, apoiados em um cajado... Mas no *Cajado*, não nas frágeis convicções humanas, nas idéias que são fruto de nossa inteligência.

O mundo em que vivemos vai cada vez mais idolatrando a técnica, que, de momento a momento, nos surpreende. Os segredos do mundo são desvendados; o passado é conhecido e os computadores nos lançam no futuro. No entanto, o homem sente-se impotente para vencer o mistério da morte que desafia passado, presente e futuro.

O nosso cajado não é a técnica; o nosso cajado é a *Fé*.

A fé! Mas o que é a fé? Como entendê-la? Como nos tornamos nômades e peregrinos da fé?

A leitura atenta do capítulo 11 da Epístola aos Hebreus nos abre um vasto horizonte ante os olhos. É assim que nos devemos posicionar com relação aos mistérios da fé.

> "A fé é o fundamento do que se espera e a convicção das realidades que não se vêem. Foi a fé que fez a glória dos antigos.
>
> Pela fé sabemos que o universo foi criado pela palavra de Deus, de sorte que do invisível teve origem o visível" (Hb 11,1-3).

E o texto se estende, quase atingindo o infinito... A palavra "fé" aparece mais de vinte vezes. O autor deixa passar à nossa frente, como que em fila, os grandes personagens bíblicos que souberam viver com fé a própria fidelidade ao Senhor. Não hesitaram em dar-lhe a vida: Abraão, Henoc, Isaac, Moisés, Gedeão, Sara... os profetas... os mártires... Neles, vemos o *Sim da Fé* que dá a liberdade no caminho da vida.

No cenário do Novo Testamento, logo que se abre a porta, defrontamos com Maria, a Virgem da fé, que, acolhendo em seu seio a Palavra, revestiu-a com a sua carne. Em Maria, o Verbo se fez carne e habitou entre nós.

A caminhada de Maria foi um percurso em Noite Escura. Apoiada no cajado da fé, ela soube permanecer no silêncio de adoração em todas as circunstâncias, até mesmo aos pés da cruz.

O silêncio da fé é amar sem nada entender nem mesmo querer entender. O amor é a única explicação de um mistério incompreensível.

Ser peregrino na Noite significa ser caminheiro do amor, com o olhar fixo em Jesus. Corramos para o Pai que nos espera!

A fé não é entender as coisas, não é compreender como e por que os fatos se dão em nossas vidas; a fé é adorar em silêncio toda e qualquer manifestação de Deus. São João da Cruz, o santo que transforma a Noite em aurora luminosa, deixou-nos uma poesia que é o cântico da fé.

Aquela eterna fonte está escondida,
mas bem sei onde tem sua guarida,
mesmo de noite.

Sua origem não a sei, pois não a tem,
mas sei que toda origem dela vem,
mesmo de noite.

Sei que não pode haver coisa tão bela,
e que os céus e a terra bebem dela,
mesmo de noite.

Eu sei que nela o fundo não se pode achar,
e que ninguém nela pode a vau passar,
mesmo de noite.

Sua claridade nunca é obscurecida,
e sei que toda luz dela é nascida,
mesmo de noite.

Sei que tão caudalosas são suas correntes,
Que céus e infernos regam, e as gentes,
mesmo de noite.

A corrente que desta fonte vem
é forte e poderosa, eu o sei bem,
mesmo de noite.

A corrente que destas duas procede
sei que a nenhuma delas precede,
mesmo de noite.

Aquela eterna fonte está escondida
neste pão vivo para dar-nos vida,
mesmo de noite.

De lá estão chamando as criaturas
que nela se saciam às escuras,
mesmo de noite.

Aquela viva fonte que desejo,
neste pão de vida já a vejo,
mesmo de noite.

Esta poesia foi escrita em um dos momentos mais drásticos da vida de São João da Cruz. Ele se encontrava no cárcere de Toledo, vítima da má compreensão de seus irmãos religiosos da Observância Mitigada. Edith Stein, comentando as circunstâncias psicológicas sob as quais João da Cruz passara os meses de cárcere, refere-se à sua atitude de fé assim:

"Como devia ter sentido a falta nesses nove meses do santo sacrifício, que nunca lhe permitiram celebrar! A festa do Corpo de Deus, em que costumava ficar horas inteiras ajoelhado em adoração ao Santíssimo Sacramento, teve de passá-la sem missa e sem comunhão. Poderia haver escola da cruz mais dura do que esta? (...). Apesar de todas essas coisas, não o podiam separar da fonte, a Santíssima Trindade, de que estava seguro, em virtude de sua fé.

Seu espírito não estava encarcerado; pois poderia elevar-se àquela fonte de eterna água viva, perder-se na meditação de suas insondáveis profundezas, mergulhar na torrente que sacia todas as criaturas e, entre elas, seu próprio coração" (*A Ciência da Cruz*, 1, § 5).

Mesmo de noite, é preciso continuar a caminhada, segurando-se no cajado da fé, abrindo caminhos, deixando-se guiar. Quando se ama, não se duvida; quando se ama, crê-se... e toda pergunta é revestida de delicadeza.

Uma das coisas que mais me tocaram o coração nestes dias foi pensar que o próprio Jesus teve fé. Pode ser que esta afirmação não seja muito teológica, mas o que quero expressar com ela é que em meio a situações dolorosas, melhor, no acme de sua paixão, Jesus também se abandonou a Deus plenamente.

"Pai, em tuas mãos entrego o meu espírito" (Lc 23,46).

Aliás, neste sentido, podemos dizer que a atitude de fé de Jesus se inicia na Encarnação.

"Ao entrar no mundo, Cristo diz: 'Não quisestes sacrifícios nem oblações, mas me preparastes um

> corpo. Os holocaustos e sacrifícios pelo pecado, não os recebestes. Então, eu disse: eis-me aqui, venho — está escrito de mim no volume do livro — para fazer, ó Deus, a vossa vontade' " (Hb 10,5-7).

Cristo está totalmente entregue à vontade, ao projeto do Pai. O autor da Carta aos Hebreus nos apresenta Jesus como o "autor e consumador da fé", isto é, como Aquele que é o fundamento da nossa fé e nos ensina como devemos crer. Somente Jesus pode — e, na verdade, o é — ser o nosso Mestre na fé.

> "Corramos com perseverança para o combate que nos cabe de olhos fitos no autor e consumador da fé, Jesus. Em vista do gozo que se lhe oferecia, suportou a cruz sem fazer caso da ignomínia e está sentado à direita do trono de Deus Pai. Considerai, pois, atentamente aquele que sofreu tantas contrariedades dos pecadores contra a sua pessoa para não cairdes em cansaço nem desfalecerdes em desânimo" (Hb 12,1-2).

Cristo, cajado da nossa fé, nos faz caminhar com passos largos e seguros rumo ao Pai, em que não há mais dúvidas e somente a clara visão é realidade. No fim da caminhada estaremos plenamente no reino da luz e do amor.

Tudo isso era o que eu queria lhe falar, amigo, antes de iniciar este meu novo livro. Falei bastante, não é? Mas era preciso que você soubesse essas coisas, que a peregrinação dos homens apaixonados por Deus é caminho de fé, é vereda no deserto.

Se você está disposto a fazer-me companhia nesta viagem, renovo o meu convite:

PARE E REZE!

ORAÇÃO: NECESSIDADE DO CORAÇÃO

Somente a criatura humana é capaz, com um ato de vontade, de comunicar-se com os outros, de decidir-se a amar ou não amar. Amar é um ato de fé tão grande que nos leva a vencer todos os instintos e repugnâncias e a envolver no abraço mais terno os nossos inimigos.

A oração é o nosso ato de amor com relação a Deus. Santa Teresa de Jesus dizia que a "oração não é outra coisa senão tratar intimamente com Aquele que sabemos que nos ama, e estar muitas vezes conversando a sós com Ele" (*Vida* 8,5).

Assim, na oração, damos sinal verde a todo sentimento que está escondido no mais profundo do nosso ser, para que tudo louve e bendiga o Senhor. É um íntimo diálogo de amor que flui onde ninguém pode estar presente, senão o próprio Deus. É um límpido e sincero desabafo do coração com Aquele que, amando-nos, também nos compreende e acolhe.

Na oração diálogo-escuta, temos sempre a certeza do amor, do acolhimento e do perdão de Deus. Ele não nos pergunta de onde viemos, o que fizemos, como gastamos as nossas riquezas. Mas, abrindo-nos os braços, nem nos deixa falar. Pede que se tragam sandálias novas, roupas novas, anel precioso. O vitelo gordo será morto; o banquete, preparado, pois é festa (cf. Lc 15,11). Participar da mesma mesa, tomar juntos a refeição é sinal, em qualquer cultura, de amizade, de intimidade.

O nosso coração necessita dialogar com o Transcendente, superar a materialidade que nos escraviza e revestir-se do amor que não tem fim. Somente Deus preenche o coração do homem.

O homem orante é aquele que, tendo purificado o seu coração, sabe descobrir a presença de Deus em tudo o que acontece, em toda a situação e também em toda a criação. É aquele que se deixa envolver pelo calor divino e caminha guiado pelo fascínio deste perfume. São João da Cruz, penetrando a mais profunda realidade das criaturas, define-as como "um rastro da passagem de Deus em que se vislumbram sua magnificência, poder, sabedoria e outras virtudes divinas" (Cântico Espiritual 5,4).

As montanhas, as flores não rezam, mas o homem orante vê nelas Deus que dá a vida a todo o universo e interpreta em tudo a maravilhosa harmonia divina. É o cântico universal; é o nosso coração que, realmente penetrado do amor de Deus, sabe transformar tudo em vivo amor.

Águas do alto do céu, bendizei o Senhor!
Potências do Senhor, bendizei o Senhor!
Lua e sol, bendizei o Senhor!

Orvalhos e garoas, bendizei o Senhor!
Geada e frio, bendizei o Senhor!
Gelos e neves, bendizei o Senhor!
Noites e dias, bendizei o Senhor!
Montes e colinas, bendizei o Senhor!
Plantas da terra, bendizei o Senhor!
Fontes e nascentes, bendizei o Senhor!
Mares e rios, bendizei o Senhor!
Baleias e peixes, bendizei o Senhor!
Pássaros do céu, bendizei o Senhor!
Feras e rebanhos, bendizei o Senhor!
Filhos dos homens, bendizei o Senhor! (Dn 3,57ss.).

Na bíblia, todo o cosmo tem vida, movimenta-se, canta e louva. É como se o coração de Deus estivesse presente em cada ser, tornando-o capaz de amar e de se transformar em amor. Aproximando-se de Deus e lhe manifestando tudo o que é, o homem parece rezar.

Paremos um instante e entremos silenciosamente no coração do Pai; no mistério da Trindade... Escutemos o cântico da vida plena e total. Contemplando a criação, ouçamos a voz do Pai que, diante de cada obra que brota de suas mãos, diz: Isto é bom!

Há bondade divina no universo, no sol, nas estrelas, na lua, nas florestas... Mas acima de tudo está o homem, ser em que Deus depositou mais de seu amor, que não é uma simples criação, mas imagem do Criador... (cf. Gn 1,26-28)

Contemplando estes céus que plasmastes
e formastes com dedos de artista;
vendo a lua e estrelas brilhantes,
perguntamos: "Senhor, que é o homem,
para dele assim vos lembrardes
e o tratardes com tanto carinho?"

pouco abaixo de Deus o fizestes,
coroando-o de glória e esplendor;
vós lhe destes poder sobre tudo,
vossas obras aos pés lhe pusestes:
as ovelhas, os bois e rebanhos,
todo o gado e as feras da mata;
passarinhos e peixes dos mares,
todo o ser que se move nas águas.
Ó Senhor, nosso Deus, como é grande
vosso nome por todo o universo! (Sl 8).

PARE E REZE!

O QUE VIMOS E OUVIMOS

Agora, permaneçamos ainda envolvidos no mistério da Trindade, e percebendo tudo o que aí se passa escutemos São João da Cruz:

"Segundo a palavra de São Paulo, o Filho de Deus é o resplendor de sua glória e figura de sua substância (Hb 1,3). Convém, portanto, saber que só com esta figura de seu Filho olhou Deus todas as coisas, isto é, deu-lhes o ser natural, comunicando-lhes muitas graças e dons de natureza, de modo a torná-las acabadas e perfeitas. Assim o dizem estes termos do Gênesis: 'Olhou Deus todas as coisas que havia feito, e eram muito boas' (Gn 1,31). Para Deus, achar as coisas muito boas significa o mesmo que as criar muito boas no Verbo, seu Filho. Não bastou comunicar-lhe o ser e as graças naturais com seu olhar, como dissemos, mas tão-somente com esta figura de seu Filho deixou-as revestidas de formosura, comunicando-lhes o ser sobrenatural. Isto realizou-se quando Deus se encarnou, exaltando o homem na formosura divina e, conseqüentemente, elevando nele todas as criaturas, pelo fato de se haver unido o próprio Deus com a natureza de todas elas no homem. Assim disse o mesmo Filho de Deus: "Quando eu for exaltado da terra, atrairei a mim todas as coisas (Jo 12,32). Nesta exaltação da encarnação de seu Filho, e de glória de sua ressurreição segundo a carne, aformoseou o Pai as criaturas não só parcialmente, mas, podemos dizer, deixou-as totalmente vestidas de formosura e dignidade" (C 5,4).

Contemplando a encarnação do Verbo, o nosso coração se dilata e se comove. Trata-se da Vida que vem habitar entre nós. Com a Encarnação, não mais contemplamos os rastros de Deus nas criaturas, mas podemos contemplar o próprio Deus!

O testemunho de João Evangelista nos deixa maravilhados. Ele é o contemplativo, o orante que, tendo encontrado o Senhor, não o guarda para si, mas o comunica. Evangelizar é o fruto mais belo da oração. Sempre que comunicamos a nossa experiência de Deus nós rezamos. A linguagem do evangelista é a comunicação de sua experiência. Não transmite uma doutrina, mas uma vida. Nós só podemos falar daquilo que ouvimos, ou daquilo que vimos, ou daquilo que conhecemos.

> "O que era desde o princípio, o que ouvimos, o que vimos com os olhos, o que contemplamos e nossas mãos apalparam no tocante ao Verbo da vida — porque a vida se manifestou e nós vimos e testemunhamos, anunciando-vos a vida eterna que estava no Pai e nos foi manifestada —, o que vimos e ouvimos nós também vos anunciamos a fim de que também vós vivais em comunhão conosco" (1Jo 1-3).

> Até hoje lembra-nos o velho e sábio Jó:
>
> "Conhecia-te só de ouvido; mas, agora, viram-te meus olhos" (Jó 42,5).

Deus se dá a conhecer. Ele espera de nós mais que um conhecimento indireto, mediante as criaturas. Ele quer que entremos em comunhão de amor com a Trindade Santa. Não se pode conhecer verdadeiramente a Deus permanecendo na periferia, através dos rastros que encontramos nas criaturas. É preciso entrar, no dizer de Santa Teresa, no Castelo Interior, que é a nossa alma, e aí caminhar até a sala central onde Deus, sua majestade, nos espera. Para ser recebido por Deus, não é necessário passar horas a fio na sala de espera. Ele logo nos acolhe e o faz pessoalmente; sem intermediários dialoga conosco.

> Não queiras enviar-me mais mensageiro algum: Não queiras, doravante, que te conheça tão por medida, nestes mensageiros de notícias e sentimentos que se me dão de ti, tão remotos e alheios do desejo que minha alma tem de ti. Os mensageiros, para um coração ansioso pela presença, bem sabes, Esposo meu, aumentam a dor: por uma parte, por renovarem a chaga com a notícia que trazem, e de outra, porque parecem dilações de tua vinda. Peço-te, pois, que de hoje em diante não queiras enviar-me estas notícias remotas. Se até aqui pude passar com elas, pela razão de não te conhecer nem te amar muito, agora a grandeza do amor que há em mim já não pode satisfazer-se com esses recados; acaba, portanto, de entregar-te. Isto, Esposo meu, que andas concedendo de ti parceladamente à minha alma, acaba por dar de uma vez. O que me tens mostrado como que por resquícios, acaba de mostrá-lo às claras. Quanto

me comunicas por intermediários, como de brincadeira, acaba de fazê-lo a sério, dando-te a mim diretamente. Na realidade, às vezes, em tuas visitas, parece que vais entregar-me a jóia de tua posse: e quando minha alma considera bem, acha-se sem ela, porque a escondes, e isto é dar de brincadeira. Entrega-te, pois, já deveras, dando-te todo a toda a minha alma, para que ela te possua todo, e não queiras enviar-me mais mensageiro algum, pois não sabem dizer-me o que desejo. Eu te quero todo e eles não sabem nem podem dizer-me tudo de ti: coisa alguma da terra nem do céu pode dar à alma a notícia que ela deseja ter de ti, e, assim, eles não sabem dizer-me o que desejo. Em lugar, pois, destes mensageiros, sê tu o mensageiro e as mensagens! (*Cântico Espiritual* 6,6-7).

PARE E REZE!

CRISTO, PALAVRA ÚNICA

Todas as criaturas são mudas. Não têm sentido sem a contemplação do homem. O universo sem o homem seria como um grande e maravilhoso palácio habitado pelo nada e pelo vazio; sem sentido. Somente nós damos vida, conservamo-la, agimos ou, tomados pelo ímpeto, destruímos. Deus fala no silêncio; os santos sabem decodificar e traduzir para nós em palavras e gestos compreensíveis. A melhor tradução do mistério de Deus é a Encarnação do Verbo pelo *Sim* generoso e total de Maria.

Na Encarnação, todos somos chamados a uma nova vida. Precisamos fixar novamente o nosso olhar só em Cristo. Quem possui uma nascente viva de água pura e cristalina não vai beber nos riachos.

Hoje em dia, embora se conheça Cristo, há uma terrível tendência a buscar Deus através de "falsos mensageiros", que não são nem as criaturas! Trata-se de devocionismos vazios, de uma atitude de revestir a fé de sentimentos, esquecendo-se de que para ser autêntica ela deve encarnar o "crer sem nada ver; crer sem nada ouvir; crer sem nada saber".

O Mestre da fé, São João da Cruz, soube, no seu tempo, levantar a voz contra os apegos espirituais e devoções infundadas. Com relação às imagens, dizia que "a pessoa verdadeiramente devota faz do invisível o objeto de sua devoção; não necessita de muitas imagens, antes usa de poucas, escolhendo as mais ajustadas ao divino que ao humano; (...). Longe de apegar o coração às que usa, bem pouco se aflige se lhas tiram, porque busca dentro de si mesma a viva imagem de Cristo crucificado" (*III Subida* 35,5). Bem se vê que o santo não condena o uso das imagens, mas o modo como são usadas. Fala da mesma forma a respeito das pessoas que, apegando-se às minúcias externas, na oração, esquecem que o fundamental é a postura interior: "A sua confiança, em vez de se apoiar na realidade viva da prece, baseia-se nas cerimônias supérfluas, não sem grande desacato e agravo ao Senhor. Querem, por exemplo, a missa celebrada com certo número de velas, nem mais nem menos, oferecida por este ou aquele sacerdote, em determinado dia, a tal ou tal hora, nem antes nem depois. (...) Mas o pior e intolerável é a pretensão dessas pessoas, querendo sentir os efeitos da oração feita com aquelas cerimônias ou desejando saber se alcançarão os fins nelas colimados. Proceder assim não é menos que tentar Deus e injuriálo gravemente" (*III Subida* 43,2-3). Outro tanto nos diz o santo com relação às visões, revelações etc.

Não se pode parar para contemplar o relativo! Somente o Absoluto deve seduzir o coração. Pôr todas as forças em Cristo, descansar o coração só nele. Foi esta a atitude de todos os santos. São Paulo considerava todas as coisas como perda, comparadas com o valor inexcedível do conhecimento de Cristo (cf. Fl 3,10). É célebre a expressão de São Francisco: "Meu Deus, meu tudo". Santa Teresa, em sua vida, em seus gestos, era o reflexo daquelas palavras que trazia escritas em seu breviário: "Só Deus basta"; e pedia às suas filhas que sempre pusessem os olhos no Crucificado (*VII Moradas* 4,8). Mais recentemente, em nosso século, uma jovem carmelita de 19 anos, Teresa de los Andes, expandia o seu coração com palavras cheias de entusiasmo: "Só Jesus é belo, só ele pode alegrar-me. Chamo-o; choro por ele, procuro-o dentro de minha alma" (*Diário*).

Tender para Cristo, fixar o olhar em Cristo. São João da Cruz nos oferece uma página cristológica que continua a ser insuperável. Uma leitura atenta e amorosa nos introduz no mistério escondido do diálogo oracional.

Se atualmente alguém quisesse interrogar a Deus, pedindo-lhe alguma revelação ou visão, não só cairia na insensatez, como agravaria muito a Deus pelo fato de não pôr os olhos totalmente em Cristo, sem querer outra coisa ou alguma novidade. Deus poderia responder-lhe dizendo: Se eu te falei já todas as coisas em minha Palavra, que é meu Filho, e não tenho outra palavra a revelar ou responder que seja mais que ele, põe os olhos só nele; porque nele disse e revelei tudo, e nele acharás ainda mais do que pedes e desejas. Porque pedes palavras e revelações parciais; se olhares o meu Filho acharás nele a plenitude; pois ele é toda a minha palavra e resposta, toda a minha visão e toda a minha revelação. Ao dá-lo a ti como irmão, mestre, companheiro, preço e recompensa, já respondi a todas as perguntas e tudo disse, revelei e manifestei. Quando no Tabor desci com meu espírito sobre ele dizendo: "Este é meu Filho amado em quem pus todas as minhas complacências, ouvi-o", desde então aboli todas as antigas maneiras de ensinamentos e respostas, entregando tudo nas suas mãos. Procura, portanto, ouvi-lo; porque não tenho mais outra fé para revelar, e nada mais a manifestar. (...) Não acharás, de minha parte, o que me pedir nem desejar, quanto a revelações ou visões; considera-o bem e acharás nele, já feito e concedido, tudo isso e muito mais ainda.

Queres alguma palavra de consolação? Olha meu Filho, submisso a mim, tão humilhado e aflito por meu amor, e verás quantas palavras te responde. Queres saber alguma coisa ou acontecimentos ocultos? Põe os olhos só em Cristo e acharás mistérios ocultíssimos e tesouros de sabedoria e grandeza divinas nele encerrados, segundo o testemunho do apóstolo: "Nele estão encerrados os tesouros da sabedoria e ciência". Esses tesouros da sabedoria ser-te-ão muito mais admiráveis, saborosos e úteis que tudo quanto desejarias conhecer. (...) Enfim, se for de teu desejo ter outras visões e Revelações Divinas, ou corporais, contempla meu Filho humano e acharás mais do que pensas, conforme disse também São Paulo: 'Porque nele habita corporalmente toda a plenitude da divindade'" (*II Subida* 22,5-6).

PARE E REZE!

DIÁLOGO ENTRE DEUS E O HOMEM

O dicionário define diálogo como conversa entre duas pessoas. A oração outra coisa não é senão uma conversa íntima, coloquial, cheia de ternura e confiança entre Deus e o homem. Porém é importante saber quem é Deus e quem é o homem.

"Se quereis tratar a tão grande Senhor com a atenção que ele merece, é justo considerar quem é aquele a quem falais e quem sois vós, ao menos para usar de cortesia.

Com efeito, como podeis dar ao rei o título de 'Vossa Alteza' ou acertar com as cerimônias em uso para falar a um grande personagem, se ignorais a sua condição social e a vossa?

De acordo com a dignidade se prestam as honras, e também conforme o uso em voga. (...) Quem reprovará se, antes de começar a reza das horas do ofício divino ou do rosário, primeiramente pensarmos quem é aquele com quem vamos falar e quem somos nós que lhe falamos, para ver de que modo o havemos de tratar? (...) A um príncipe não se fala sem cerimônia.

Por sua humildade este rei me atende. Atrai-me para junto de si — a mim que por ser tão rude não lhe sei falar. (...) Mais lhe agrada a rudeza de um pastorzinho humilde. Este se mais soubesse mais diria que todos os elegantes raciocínios dos grandes sábios e literatos sem humildade.

Portanto, por ser ele tão bom, não sejamos nós irreverentes. (...) Quando chegardes a ele, refleti e procurai compreender com quem ides falar ou com quem estais falando. Mil vidas das nossas não bastariam para acabarmos de entender como merece ser tratado este Senhor. Em sua presença tremem os anjos. Ele tudo governa, tudo pode. Seu querer é realizar" (*Caminho* 22,1.3.4.7).

Estas são palavras de Santa Teresa e, como vimos, não se exige de nós uma definição filosófica, uma definição científica. Trata-se, antes, de uma intuição, de um sentir, de um perceber qual lugar ocupamos diante de Deus. O mais simples é mais fácil de ser compreendido e, ao mesmo tempo, mais difícil de ser intuído.

A palavra de Deus nos oferece o caminho certo para compreendermos o mistério, convidando-nos a aprofundá-lo à luz da fé e do amor:

Deus é Amor:

"Deus é amor" (1Jo 4,16).

E *Amor* que se dirige ao homem...

"Deus amou tanto o mundo que entregou o seu Filho Unigênito para que todo aquele que nele crer não pereça, mas tenha a vida eterna" (Jo 3,16).

Deus é Luz:

"Deus é luz e nele não há trevas" (1Jo 1,5).
E *Luz* que vem até nós...
"Sol nascente que nos veio visitar lá do alto, como luz resplandecente a iluminar a quantos jazem entre as trevas" (Lc 1,78).

Deus é Vida:

"Deus dá a todos o alento e todas as coisas. É nele que vivemos, nos movemos e existimos" (At 17,25.28).
E *Vida* que se interioriza em nós...
"Eu vim para que tenham vida e a tenham em abundância" (Jo 10,10).

E o homem?

A figura de Adão nos revela quem é o homem.

"Então o Senhor Deus formou o homem do pó da terra, soprou-lhe nas narinas o sopro da vida e o homem se tornou ser vivo" (Gn 2,7).

Adam e *Adamah* possuem a mesma raiz semântica, que evoca a idéia de "terra". O homem é aquele que é formado, que é modelado, a partir do barro sem vida, por Deus, de quem recebe a vida. É alguém, portanto, que permanece na inteira dependência de seu Criador, por ele é amado e conservado.

Os santos, como eco fiel da Palavra de Deus, despreocupados com as definições, apresentam-nos o mistério de Deus como irradiação deste amor. Sentir-se envolvido na luz e no amor de Deus e ser capaz de manifestá-los aos outros é o ideal de cada um de nós.

São João da Cruz, falando da ação de Deus na alma, diz que "o amor chegará a ponto de colocá-la num estado em que se pareça com Deus. É isto semelhante à luz quando investe para um cristal puro e limpo: quanto mais numerosos forem os raios de luz sobre ele dardejados, tanto mais luminosidade vai sendo concentrada, e o cristal vai brilhando ainda mais. Pode até receber tal profusão de luz que venha a parecer transformado na própria luz e não haja mais diferença entre o cristal e a luz, porque está iluminado por ela tanto quanto lhe é possível recebê-la e assim parece a própria luz" (Chama 1,13).

Elisabete da Trindade, sintetizando as palavras de seu pai no Carmelo, desabafa sua alma numa súplica impaciente:

> "Ó Cristo, que minha vida seja uma irradiação da vossa vida".

Deus nos conhece intimamente e se nos dá a conhecer quando o procuramos, pois nos ama.

Neste seu amor, ele rompe o silêncio e toma a iniciativa do diálogo. Adão, antes de ouvir a voz de Deus, escuta o barulho de seus passos. Os passos de Deus sempre precedem a sua voz; são sinais que nos afirmam a presença do Senhor que quer falar conosco, que quer nos escutar.

Senhor, sois vós exatamente que me faltáveis! E jamais ousaria pretender possuir-vos, tão maravilhoso como sois. Idealizava falar com Deus como a um homem. E eis-vos, Deus, a viver como homem... Ó revelação ao mundo!... Ó Deus, Jesus Cristo, para vos conhecer já não tenho de me atormentar: a melhor coisa é ser mesmo homem. Já que assumistes a minha natureza, nada há de humano que não se possa tornar a minha religião, isto é, um laço convosco.

Venho a vós com o meu modo de pensar porque, agora, para conhecer Deus humanado, o melhor é ter olhos de carne e inteligência humana. Venho a vós com o meu modo de amar, ó Sagrado Coração, cujas pulsações dão ritmo ao amor em uníssono com o meu... Venho a vós com o meu modo de rezar porque tendes boca para me responder. Venho a vós com os meus próprios pecados, ó Cordeiro de Deus que viestes ao mundo para tomá-los e cancelá-los no mesmo instante que os tomastes sobre vós!

Pe. Lyonnet, *Escritos Espirituais*

PARE E REZE!

ABBÁ

A oração não é somente uma necessidade antropológica. Todo homem, por insensível que seja, em determinada circunstância da vida, percebe a necessidade de romper o pequeno e restrito âmbito do humano e mergulhar no Eterno. A oração não é um simples dever dos que praticam uma religião; ela relaciona-se com a dimensão espiritual de cada um de nós.

Para os cristãos é uma exigência do coração de filhos que querem dialogar e estar junto do Pai celeste.

Jesus, em tudo, é o mestre que com ternura nos ensina o caminho necessário para percorrer e chegar à plenitude da vida.

> "Eu te louvo, ó Pai, Senhor do céu e da terra, porque ocultaste estas coisas aos sábios e entendidos e as revelaste aos pequeninos. Sim, Pai, porque assim foi de teu agrado. Tudo me foi entregue pelo Pai. De modo que ninguém conhece o

Filho senão o Pai e aquele a quem o Filho o quiser revelar. Vinde a mim, todos vós, fatigados e sobrecarregados, e eu vos aliviarei. Tomai sobre os ombros o meu jugo e aprendei de mim que sou manso e humilde de coração e achareis descanso para vossas almas. Pois meu jugo é suave e meu peso é leve" (Mt 11,25-30).

Jesus, antes de subir ao Pai, deu aos discípulos uma ordem bem precisa: que não se afastassem de Jerusalém, mas que permanecessem à espera do Espírito Santo. São eles os mesmos que no passado tantas vezes se tinham desentendido na busca da autoprojeção, do primeiro lugar no Reino dos Céus.

Agora, medrosos, esmagados pela solidão, sofrendo pela ausência do Mestre, estão reunidos no Cenáculo, em oração.

Não é mais Jesus que os reúne, mas Maria, a Mãe de Jesus. Ao redor dela, forma-se a primeira comunidade orante. É nesta espera do Espírito Santo que o coração dos apóstolos se dilata; eles se sentem responsáveis pela memória de Jesus e se tornam, assim, evangelizadores.

A oração que se faz diálogo silencioso e filial com o Pai é sempre amor e espera. Neste diálogo amoroso, jamais revelado e conhecido, o Espírito se faz presente, suplica, geme, grita: Abbá!

A experiência de São Paulo torna-se nossa. É a nós cristãos, e cristãos orantes, que ele dirige esta palavra: "...recebestes um espírito de filhos adotivos, com o qual clamamos: *Abbá*, Pai" (Rm 8,15).

Como é doce e reconfortador, no sofrimento ou na alegria, poder balbuciar: Abbá! É um não sei quê, como diz São João da Cruz, a desdobrar-se dentro de nós. É coragem nova que nasce. O medo desaparece e a vida volta. O deserto e a solidão são vencidos pelo florescer do amor. Com novo vigor, depois da oração consagrada pelo Espírito Santo, os apóstolos saem pelas praças e proclamam as maravilhas do amor.

Todos entendem. Não é preciso mais a linguagem feita de vocábulos, mas a presença do amor que tudo ultrapassa.

O diálogo silencioso com Deus se faz carne, se faz vida e transborda, invadindo a todos. O primeiro anúncio dos apóstolos, que vencendo o medo apresentam-se ao povo, é o fruto desta ação.

A história da oração começa a ser escrita nos dias de retiro no Cenáculo de Jerusalém.

A Igreja, apesar da infidelidade do homem, permanece em perene hino de louvor, que, do nascer do sol até o seu ocaso, sobe ao trono de Deus. Somos essencialmente diálogo-oração. Há no nosso coração uma força que nos violenta, que nos obriga a esconder o rosto entre as mãos ou a elevar os olhos para o céu e murmurar: "Senhor, te amo; perdoa os meus pecados".

Mesmo nos momentos da tempestade, em que nos parece ser a sombra maior que a luz, a força continua a ser a oração. E, como dizia Elisabeth Lesser, a alavanca para erguer o mundo. São os braços erguidos dos místicos, dos contemplativos, o balbuciar da criança, o grito de sofrimento dos doentes e abandonados que formam o coração da oração. Sem a oração, o homem seria um ser perdido, esmagado pelo próprio orgulho e pela fragilidade.

A oração não é outra coisa que a voz de Deus que desce do Céu e inunda o coração humano, esperando a sua resposta.

> "Como a chuva e a neve descem do céu, e para lá não retornam sem terem regado a terra, fecundando-a e fazendo-a germinar, de modo a dar semente ao semeador e pão ao que tem fome, assim será com a palavra que sai da minha boca: não voltará para mim vazia sem ter realizado o que eu queria e cumprido a sua missão". (Is 55,10ss.)

Rezar é balbuciar sem cessar: Abbá... Abbá... Abbá... à espera de que um dia saibamos rezar como autênticos filhos o pai-nosso que Jesus nos ensinou.

> Pai nosso,
> que estais nos céus,
> santificado seja o vosso nome,
> venha a nós o vosso reino,
> seja feita a vossa vontade,
> assim na terra como no céu.
> O pão nosso de cada dia nos dai hoje.
> Perdoai as nossas ofensas,
> assim como nós perdoamos a quem nos tem ofendido.
> Não nos deixeis cair em tentação,
> mas livrai-nos do mal.
> Amém.

PARE E REZE!

ABRE MEUS LÁBIOS!

Quando se é jovem, menos experiente, pensa-se que o homem pode amar a Deus, rezar por iniciativa própria. Talvez seja o orgulho que nos faz pensar assim.

À medida que os anos vão passando, o orgulho permanece o mesmo, mas a experiência nos obriga a rever certas atitudes da vida. Na verdade, se o Senhor não abrir os nossos lábios, não romper o coração de gelo e não enternecer os nossos sentimentos, jamais conseguiremos rezar com autenticidade. A verdadeira oração não consiste em muito pensar, mas em muito amar. É um dom que Deus dá a quem a ele se doa totalmente.

> "Para aproveitar muito neste caminho de oração e subir às moradas desejadas, o essencial não é pensar muito, é amar muito" (*IV Moradas* 1,7).

Somente assumindo a nossa incapacidade de rezar é que aprenderemos a rezar de verdade. É na escola da pobreza que nos tornamos ricos; é na fragilidade que nos tornamos fortes.

Devemos nos libertar da falsa idéia de que, quando rezamos, fazemos um favor a Deus. O Senhor não necessita da nossa oração nem do nosso louvor. Nós é que temos necessidade de louvá-lo.

> "Na verdade, ó Pai, é nosso dever dar-vos graças, é nossa salvação dar-vos glória: só vós sois o Deus vivo e verdadeiro que existis antes de todo o tempo e permaneceis para sempre habitando em luz inacessível.
>
> Mas porque sois o Deus de bondade e a fonte da vida, fizestes todas as coisas para cobrir de bênçãos as vossas criaturas e a muitos alegrar com a vossa luz. Eis, pois, diante de vós todos os anjos que vos servem e glorificam sem cessar, contemplando a vossa glória.
>
> Com eles, também nós, e, por nossa voz, tudo o que criastes, celebramos o vosso nome. (...)
>
> Nós proclamamos a vossa grandeza, Pai Santo, a sabedoria e o amor com que fizestes todas as coisas: criastes o homem à vossa imagem e lhe confiastes todo o universo, para que, servindo a vós, seu criador, dominasse toda a criatura.
>
> E, quando pela desobediência perdeu a vossa amizade, não o abandonastes ao poder da morte, mas a todos socorrestes com bondade, para que, ao procurar-vos, vos pudessem encontrar.
>
> E, ainda mais, oferecestes muitas vezes aliança aos homens e os instruístes pelos profetas na esperança da salvação. E de tal modo, Pai santo,

amastes o mundo que, chegada a plenitude dos tempos, nos enviastes vosso próprio Filho para ser o nosso Salvador.

Verdadeiro homem, concebido do Espírito Santo e nascido da Virgem Maria, viveu em tudo a condição humana, menos o pecado, anunciou aos pobres a salvação, aos oprimidos a liberdade, aos tristes, a alegria. E, para realizar o vosso plano de amor, entregou-se à morte e, ressuscitando dos mortos, venceu a morte e renovou a vida.

E, a fim de não mais vivermos para nós, mas para ele que por nós morreu e ressuscitou, enviou de vós, ó Pai, o Espírito Santo, como primeiro dom aos vossos fiéis para santificar todas as coisas, levando à plenitude a sua obra" (IV Pref. T.C.).

Na oração nós somos os beneficiados; nos conhecemos e nos reencontramos conosco e com os outros.

O homem que reza rompe com o círculo do egoísmo, abre a janela que dá para o mundo e, com uma rápida olhada, contempla toda a história de ontem, de hoje, entrevendo o amanhã desejado por Deus.

A oração não é vossa, é de Deus e do Espírito Santo. É a voz da Santíssima Trindade que prorrompe em nós em um hino perfeito de louvor. É o entregar-se sem reservas a Deus. É tornar-se uma alma de louvor.

Um louvor de glória: é uma alma que permanece em Deus e o ama com um amor puro e desinteressado, sem procurar a si mesma na doçura deste amor; que o ama mais que a todos os seus dons, ainda que não tivesse recebido nada dele, e deseja o bem ao objeto assim amado. Ora, como desejar e querer efetivamente algum bem a Deus, senão pelo cumprimento exato de sua vontade, uma vez que esta vontade encaminha todas as coisas para a sua maior glória? Portanto, esta alma deve entregar-se a ele plena e perdidamente, até não conseguir mais querer outra coisa senão o que Deus quer.

Um louvor de glória: é uma alma de silêncio que está sempre, qual uma lira, sob o toque misterioso do Espírito Santo, para que ele tire dela harmonias divinas. Ela sabe que o sofrimento é uma corda que produz sons mais belos ainda e por isso gosta de vê-la em seu instrumento, para comover, mais deliciosamente, o coração de seu Deus.

Um louvor de glória: é uma alma que contempla a Deus, na fé e simplicidade; é um refletor de tudo o que ele é. É como um abismo sem fundo, no qual ele pode derramar-se, expandir-se; é também como um cristal em que pode refletir-se e contemplar todas as suas perfeições e o seu próprio esplendor. Uma alma que permite ao ser divino satisfazer, assim, nela a necessidade de comunicar tudo aquilo que é, e tudo aquilo que tem constitui, na verdade, o louvor de glória de todos os seus dons.

Enfim, *um louvor de glória* é um ser em contínua ação de graças. Cada um de seus atos e movimentos, cada um de seus pensamentos e aspirações fixam-na mais profundamente no amor e são como que um eco do "Sanctus" eterno.

> Elisabete da Trindade, *Como encontrar o céu na terra* — "Um louvor de glória"

PARE E REZE!

INTIMIDADE COM DEUS

Como é difícil para o nosso orgulho admitir que é Deus quem reza em nós! Não é tão fácil como pode parecer deixar que o Espírito Santo reze em nós. Precisamos romper todas as barreiras da nossa auto-suficiência e da nossa mania de querer fazer as coisas sozinhos. Somos simples crianças que devem pedir ao Senhor, como Santa Teresinha, a graça de não crescer. Sempre ecoa em nossos ouvidos surdos e insensíveis a palavra do Senhor: "Se não vos tornardes como crianças, não entrareis no Reino dos céus" (Mt 18,3).

Este é o perigo, este o nosso risco! Não ser criança; não saber se abandonar nos braços de Deus, não se deixar conduzir pelos caminhos do Espírito.

É necessário dar espaço a Deus, deixá-lo agir. É necessário permitir-lhe que, como Senhor da nossa história, aja da maneira que lhe agrada. Como diz São João da Cruz, ele deve sentir-se o hóspede querido em nossa casa e não uma pessoa indesejada e importuna.

“Convém saber que Deus habita escondido e silencioso dentro da substância de todas as almas; se assim não fora, não poderiam elas permanecer com vida. Há, porém, diferença, e muito grande, no modo desta morada. Em algumas mora sozinho; em outras, não; em umas habita contente; em outras descontente; naquelas mora como em sua casa, governando e regendo tudo; nestas mora como estranho em casa alheia onde não o deixam mandar nem fazer coisa alguma” (*Chama viva de amor* 4,14).

A docilidade à ação do Senhor é o ideal que deve ser buscado na oração. Estar em silêncio, envolvidos no amor, em uma doce paz interior. É o nada fazer do homem que permite a Deus tudo fazer. A docilidade do barro é condição para nascer uma harmoniosa cerâmica das mãos do oleiro. É só então, deixar Deus agir, sem lhe dar conselhos...

Os métodos de oração ajudam muito, principalmente no início da caminhada para o encontro com Deus, mas eles não são o fim, são os meios. É preciso atingir a meta; é preciso conseguir dialogar com Deus na intimidade e cheio de amor. A oração propriamente dita não é um método, não são palavras escritas e repetidas, não é nem mesmo uma postura vazia de autoconcentração no nada que, gerando uma espécie de relaxamento no agitado homem de hoje, apresenta-se com a etiqueta de verdade e com as aparências de algo milagroso. A oração é amar, doar-se sem reservas ao Amado. É sentir-se interiormente possuído por Alguém que nos repete: “Não tenhas medo, eu te amo!”.

Orar é descer na profundidade de nosso ser e permanecer na escuta da voz do Pai que fala ao nosso coração. A oração nunca será repetitiva e monótona. Podem-se meditar o ano todo as palavras de Jesus: "Ninguém tem maior amor do que quem dá a vida pelos amigos" (Jo 15,13).

Todos os dias estas palavras terão uma ressonância nova. "A alma que caminha no amor não cansa nem se cansa" (Ditos de Luz e Amor, 95). Cansar-se do amigo é já não ter mais amizade. Deus nunca se cansa de nós. Sempre nos ama com ternura, nos contempla e faz florescer em nós a vida e a esperança.

"Eu mesmo a seduzirei, conduzirei ao deserto e lhe falarei ao coração" (Oséias 2,16). Este não é o gesto de ontem; é o amor de hoje!

A oração nasce no coração que, seduzido por Deus, caminha nas sendas do deserto, no recolhimento e no afastamento de tudo o que não é Deus, na busca da vivência do amor. Amar é a finalidade de nossa vida. Jesus veio para nos ensinar o Amor, dando-nos o exemplo de como deve ser o nosso relacionamento com o Pai.

> "Morrestes e a vossa vida está escondida com Cristo em Deus" (Cl 3,3).

Eis que São Paulo nos vem fornecer uma luz, a fim de aclarar-nos os caminhos do abismo. "Vocês estão mortos." O que quer dizer isto, senão que a alma que quer viver em contato com Deus, na fortaleza inexpugnável do santo recolhimento, deve estar separada, despojada e afastada de todas as coisas quanto ao espírito?... *Quotidie morior* (1Cor 15,31), ou seja, diariamente estou exposto à morte... Esta alma que se entrega ao santo recolhimento encontra, em si mesma, uma inclinação simples de amor, que leva a Deus apesar de quaisquer ações das criaturas. Ela é invencível quanto às coisas transitórias, pois passa por cima delas, tendo em vista a Deus. *Quotidie morior*, morro cada dia, faço-me pequeno, renuncio-me sempre mais, cada dia, para que o Cristo cresça e seja exaltado em mim. *Quotidie morior*, coloco a alegria da minha alma, quanto à vontade e não quanto à sensibilidade, em tudo o que pode imolar-me, destruir-me, abaixar-me, pois quero que o Mestre tome o meu lugar. "Eu vivo, mas já não sou eu que vivo, pois é Cristo que vive em mim" (Gl 2,20); não quero mais viver da minha própria vida, mas ser transformado em Jesus Cristo, para que minha vida seja mais divina que humana e que o Pai, ao inclinar-se sobre mim, possa reconhecer a imagem do Filho bem-amado no qual pôs todas as suas complacências.

Elisabete da Trindade, *Como encontrar o céu na terra* — "Vós estais mortos"

PARE E REZE!

REZAR COM AMOR

A oração, seja qual for a sua manifestação, é um ato de fé, de esperança e de caridade. Só é possível rezar na medida em que se crê, se ama, se espera. Rezando, devemos ter em mente as palavras de Jesus:

> "Pedi e vos será dado; buscai e achareis; batei e vos abrirão. Porque quem pede recebe, quem procura acha e a quem bate se abre" (Lc 11,9).

O diálogo com o Infinito torna-se, assim, a nossa respiração, a necessidade fundamental do coração do homem que se abre à vida. É necessário revalorizar, reassumir a consciência de que na oração realizamos todo o nosso ser. Não é possível beber a água viva da vida escondida no coração sem ter a coragem de descer até o mais profundo do nosso ser, até a nossa própria essência, na qual somos obrigados a nos olhar nos olhos e não é possível usar máscaras. É assim que descobrimos a pura imagem de Deus.

Às vezes, o diálogo oracional se apresenta como um grito no vazio, sem resposta, em que só se escuta o nosso próprio eco. O eco é triste, pois não é outra coisa que a nossa voz voltando para trás. Isto provoca medo. No entanto, na oração, mesmo quando não ouvimos a voz de Deus respondendo-nos, pela fé sabemos que ele está nos respondendo e nos atendendo. Esta é a oração despida de sensibilidade.

O sentimento é um presente que Deus nos dá. A doçura é uma manifestação que nem sempre está presente. Os verdadeiros peregrinos não param na noite; sabem que mais cedo ou mais tarde o sol da aurora romperá as trevas e toda escuridão será vencida. Sempre que releio os momentos obscuros de minha oração, relembro a grande e ousada definição de São João da Cruz: Deus é Noite.

Parece estranho falarmos que Deus é Noite, quando há pouco nós o definimos como Luz. Deus é Luz em si mesmo, mas diante da nossa limitada capacidade de compreensão ele se torna Noite. A Escritura nos diz que os seus desígnios não são os nossos desígnios e que os seus pensamentos distam dos nossos tanto quanto o Ocidente dista do Oriente. Escutemos São João da Cruz:

> "Deus, ser incompreensível e infinitamente acima de nossas faculdades, é Noite escura para a alma nesta vida" (1 Subida 2,1).

Isto me consola e me dá coragem. É o mergulho na fé daquele que, para além do fracasso, continua crendo, à escuta de Deus.

A página bíblica da súplica de Abraão que intercede por Sodoma poderia ser chamada a "pechincha" da oração. É uma ousada intercessão; ousada e destemida!

"Abraão aproximou-se e falou: 'Vais realmente exterminar o justo com o ímpio? Se houvesse cinqüenta justos na cidade, acaso os exterminarias? Não perdoarias o lugar por causa dos cinqüenta justos que ali vivem? (...)'. O Senhor respondeu: 'Se eu encontrasse em Sodoma cinqüenta justos, perdoaria por causa deles a cidade inteira'. Abraão prosseguiu e disse: 'Sou bem atrevido em falar ao meu Senhor, eu que sou pó e cinza. Se dos cinqüenta justos faltassem cinco, destruirias por causa dos cinco a cidade inteira?' O Senhor respondeu: 'Não destruiria se achasse ali quarenta e cinco justos'. Insistiu ainda Abraão e disse: 'E se houvesse quarenta?' Ele respondeu: 'Por causa dos quarenta não o faria'. Abraão tornou a insistir: "Não te irrites, meu Senhor, se ainda falo. E se não houvesse mais do que trinta justos?' Ele respondeu: 'Tampouco o faria se encontrasse trinta'. Tornou Abraão a insistir: 'Já que me atrevi a falar ao meu Senhor... e se houvesse apenas vinte justos?' Ele respondeu: 'Não a destruiria por causa dos vinte'. E Abraão disse: 'Que o meu Senhor não se irrite, se falar só mais uma vez. E se não houvesse mais que dez?' E ele respondeu: 'Pelos dez eu não a destruiria' " (Gn 18,23-33).

É verdade que, continuando o relato bíblico, Sodoma foi destruída. Fracasso do pedido de Abraão. Mas o fracasso é também um *Sacramento*, atrás do qual esconde-se a misericórdia e o projeto desconhecido do Amor.

Na fé, a inteligência busca até a sua última capacidade; depois, cansada, mas não frustrada, sabe dizer o seu *Sim* confiante e amoroso. Todo conhecimento é fruto do encontro interpessoal. É na fé que o encontro se faz amor e silêncio, adoração e conhecimento.

O desejo de encontrar a Deus se faz sofrimento, caminho, fogo que queima por dentro, deixando-nos inquietos, angustiados e, ao mesmo tempo, possuídos de uma paz inexplicável.

Os místicos nos surpreendem com o seu desejo de Deus, a quem procuram com uma perseverança a toda prova. Quem ama é sempre ousado. Não calcula os perigos, não tem vergonha, rompe e supera qualquer obstáculo. O amor apaixonado e dinâmico é corajoso e nos leva a reviver em nós a experiência do Cântico dos Cânticos. É a alma que sai em busca Daquele a quem ama.

Todos, se amamos verdadeiramente a Deus, vivemos esta ansiedade. São João da Cruz, o grande apaixonado de Deus, não se envergonha de manifestar todo o seu sentimento na busca do Amado.

> Onde é que te escondeste,
> Amado, e me deixaste com gemido?
> Como o cervo fugiste;
> Havendo-me ferido,
> Saí, por ti clamando, e eras já ido.
>
> Buscando meus amores,
> Irei por estes montes e ribeiras;
> Não colherei as flores,
> Nem temerei as feras,
> E passarei os fortes e fronteiras (*Cântico Esp.* 1 e 3).

É amor puro. Não se discute, ama-se. Não importa a incompreensão. Tudo se aceita, tudo se suporta. Não é por acaso o amor mais forte do que a morte?

Somente no céu o amor repousará, pois Deus é Amor. Será a contemplação, o face-a-face e não mais haverá necessidade de perguntas. Quando o coração do homem se encontra com o coração de Deus, só o silêncio é comunicação.

Gosto de contemplar em silêncio as pessoas que amo. Ser silêncio ao lado delas. Apesar de ser considerado muito falador, preciso do silêncio e ser, também eu, silêncio para me entender e compreender quem caminha comigo.

Toda manifestação de amor, na sua plenitude, é silêncio. Deus não cansa de se oferecer a cada um de nós como dom de amor. Basta acolhê-lo. Os momentos mais solenes da história da salvação estão revestidos do silêncio.

A criação é precedida pelo silêncio.

A encarnação é realizada no silêncio.

O nascimento se efetua em meio ao silêncio.

A redenção é operada sem palavras, mas com silêncio.

A ressurreição é também toda envolvida pelo silêncio de uma luz.

Rezar com amor é permanecer em silêncio, adorador do mistério. Só assim, sem nada dizer, contempla-se a Palavra que tudo diz.

"A maior necessidade que temos para progredir é calar, diante deste grande Deus, o apetite da língua, pois a linguagem que ele mais ouve é a do Amor silente" (*Ditos de Luz e Amor*, 130).

Só assim, suspirando por Deus, com todo o ser, é que seremos saciados no próprio Deus.

> Sois vós, ó Senhor, o meu Deus!
> Desde a aurora ansioso vos busco!
> A minha alma tem sede de vós,
> minha carne também vos deseja,
> como terra sedenta e sem água!

Venho assim contemplar-vos no templo,
para ver vossa glória e poder.
Vosso amor vale mais do que a vida:
e por isso meus lábios vos louvam.
Quero, assim, vos louvar pela vida,
e elevar para vós minhas mãos!
A minha alma será saciada,
como em grande banquete de festa;
cantará a alegria em meus lábios,
ao cantar para vós meu louvor!
Penso em vós no meu leito de noite,
nas vigílias suspiro por vós!
Para mim fostes sempre um socorro;
de vossas asas à sombra eu exulto!
Minha alma se agarra em vós;
com poder vossa mão me sustenta (Salmo 62,2-9).

PARE E REZE!

REZAR COM JESUS

A oração não é algo que acontece fora de nós; é no santuário do ser que se reza. É preciso descer no mais íntimo do ser, no quarto secreto, escondido, no qual nada pode nos perturbar. É sentar-se no silêncio da quietude, junto ao qual a tempestade não pode chegar.

Dispondo-nos para a oração, São João da Cruz nos dá alguns conselhos. Mas ele é um mestre exigente. Não admite que nos detenhamos em mesquinharias.

"Quando alguém quer achar um objeto escondido, há de penetrar ocultamente até o fundo do esconderijo onde ele está; e, quando o encontra, fica também escondido com o objeto oculto. Teu amado Esposo é este tesouro escondido no campo de tua alma, pelo qual o sábio comerciante deu todas as suas riquezas (Mt 13,44); convém, pois, para o achares que, esquecendo todas as suas coisas e alheando-te a todas as criaturas, te escondas em teu aposento interior do espírito; e, fechando a porta sobre ti (isto é, tua vontade a todas as coisas), ores ao teu Pai no segredo. E assim, permanecendo escondida com o Amado, o perceberás às escondidas e te deleitarás com Ele às ocultas, isto é, acima de tudo o que pode alcançar a língua e o sentido.

Eia, pois, alma formosa, já sabes agora que em teu seio mora escondido o Amado de teus desejos: procura, portanto, ficar com ele bem escondida, e no teu seio o abraçarás e sentirás com afeto de amor. Olha que a este esconderijo te chama o Esposo por Isaías dizendo: 'Anda, entra em teus aposentos, fecha as tuas portas sobre ti', isto é, todas as tuas potências a todas as criaturas, 'esconde-te um pouco até um momento' (Is 26,20), quer dizer, por este momento da vida temporal" (*Cântico Espiritual* 1,9-10).

Nem sempre Deus nos carrega no colo; às vezes nos põe no chão, apesar das nossas pirraças, e nos obriga a caminhar sozinhos. Ele quer nos desmamar.

Rezar é antes de mais nada fixar o nosso olhar no modelo único e acabado de nossa vida: Jesus de Nazaré.

O que importa neste momento é constatar que Jesus rezava. Passava horas a fio em íntimo diálogo com o Pai. Retirava-se à solidão da montanha, no silêncio da noite; ia ao deserto. Levantava-se de madrugada e, afastando-se dos outros, mergulhava no amor do Pai. Deixava-se amar pelo Pai e no Espírito Santo elevava a sua oração.

Muitos textos do Evangelho não são mais que o dialogar de Deus. Pensemos, por exemplo, na oração sacerdotal (cf. Jo 17). Os evangelistas nos narram a vida de Jesus e nós percebemos que tudo o que ele faz ou diz é fruto de sua intimidade com o Pai. É preciso acompanhar lendo, meditando atentamente cada um dos evangelhos. Na oraçao, Jesus perscruta a vontade do Pai e, depois, executa esta mesma vontade entre os homens. Ele mesmo nos diz que sempre faz aquilo que é agradável ao Pai.

Se Jesus cura, é porque o Pai não quer que soframos; se Jesus perdoa, é porque o Pai nos quer reconciliados com Ele; se Jesus acolhe a todos sem distinção, é porque o Pai nos quer todos irmanados em seu meio. Tudo surge da oração. Ele é oração; Caminho que leva ao Pai.

O Verbo eterno se faz homem; Jesus homem nos ensina a não mais ter medo de Deus. Com Cristo homem, com Jesus de Nazaré, é possível aproximar-nos de Deus cheios de confiança, certos de que seremos ouvidos e amados.

O Pai dá a todos uma ordem bem clara com relação a Jesus:

"Este é o meu Filho eleito; *Escutai-o!*" (Lc 9,35).

Escutai-o!

A oração é escuta. Contemplação do outro sem preconceitos ou interferências. Escutar é esquecer-se por completo de si mesmo, dos próprios projetos e tornar-se totalmente vazio para que em nós haja acolhida.

Contemplando Jesus, olhando-o com carinho e escutando-o, nós aprendemos o nosso modo de ser "gente", de ser homens novos que, sem medo, lançam-se na construção do amanhã. É o novo jeito de viver a vida à imitação de Jesus. O Verbo não está mais escondido, impenetrável no seio do Pai. Fez-se e se faz carne; é o Emanuel, o Deus conosco! Jesus se faz história, é um de nós. Não guardou ciosamente o ser igual a Deus. Despojou-se, esvaziou-se, aniquilou-se e se fez obediência ao Pai, viveu e fez a história mediante o sofrimento. É a Palavra eterna que por amor se adapta ao nosso modo de agir e nos ensina a viver, pois nos fala como superar o pecado, e o pecado é não ser gente...

Jesus é o diálogo que está entre nós. Nós o conhecemos como eternidade encarnada, e por isso nós o podemos amar. Escutando alguém que amamos, convivendo com Ele, nós nos tornamos semelhantes a Ele. Nesta semelhança, o amor une. É o grande desejo-ideal do Cristo, manifestado na Última Ceia.

> "Que todos sejam um como tu, Pai, estás em mim e eu em ti, para que eles estejam em nós e o mundo creia que tu me enviaste. Dei-lhes a glória que tu me deste, a fim de que sejam um como nós somos um. Eu neles e tu em mim, para que sejam consumados na unidade" (Jo 17,21-23).

Escutando Jesus, transformamo-nos sempre mais nele. A sua vida se torna a nossa vida; a sua oração se torna a nossa oração. Não somos mais nós que rezamos, é Cristo que reza em nós.

Surge espontânea e natural a pergunta: como rezava Jesus de Nazaré? É só caminharmos com o Evangelho e descobriremos a oração de Jesus. Basta fazer espaço em nós e ouviremos a sua voz.

Ele rezava prostrando-se por terra, assumindo o sofrimento da humanidade. Sempre, na oração, o nosso olhar deve sair da contemplação de si mesmo e, abrindo os horizontes, ver a nossa imensa humanidade. Rezar é romper o círculo do egoísmo e abrir novos caminhos, dilatar o coração. Jesus nos ensina a rezar o sofrimento do homem, carregando toda a dor no nosso coração.

Ele, às vezes, rezava com o grito de alegria, percebendo que o mistério do Pai era compreendido pelos pequeninos.

> "Eu te louvo, Pai, Senhor do céu e da terra, porque ocultaste estas coisas aos sábios e aos ricos e as revelaste aos pequeninos" (Mt 11.25).

Ele rezava na tentação, como fez no deserto.

É na oração que Deus nos faz entrever o que será o amanhã. A Transfiguração enxerga, embora vagamente, a alegria de contemplar face a face o Pai.

A teofania e a transfiguração começam aqui e agora.

Jesus vive rezando e morre rezando.

> "Meu Deus, meu Deus, por que me abandonaste?" (Mt 27,46).

A própria ressurreição é o cântico da oração. Jesus continua a rezar no caminho de Emaús, quando reparte o pão. Jesus reza ainda no encontro no Cenáculo, enviando a paz.

Este é o itinerário oracional de Jesus. Fixando nele o nosso olhar, às vezes cansado e decepcionado pelas tempestades da vida, nasce o grito que não se finda:

Senhor, ensina-me a rezar!

Ó Jesus, vós vos retirais a sós no monte para rezar e ensinar-nos com vosso exemplo que também nós, se quisermos rezar a Deus com o coração puro e rico de afeto, devemos, como vós, separar-nos da desordem e da confusão da multidão... Assim se realizará para nós a oração que dirigistes ao Pai em nosso favor e em favor dos discípulos: "O amor com que me amaste esteja neles e eu neles". Tal acontecerá quando todo o nosso amor, todo desejo, todo esforço, procura, pensamento, o de que vivemos, falamos, respiramos, não for outro senão vós, ó Deus; quando a unidade que reina entre vós, Pai, e vosso Filho se transfundir em nosso coraçao e em nossa alma; quando imitando o amor puro e indissolúvel com que nos amais, nós, por nossa vez, vos amarmos com amor perpétuo e inseparável, estivermos de tal modo unidos a vós, que toda a nossa respiração, todo pensamento, toda palavra trarão a vossa marca.

G. Cassiano, *Conferência* X,6-7

PARE E REZE!

EU E O PAI SOMOS UM

Vivemos em um mundo dividido. Dentro de nós está a divisão. Cegos em busca de uma independência que cremos ser o meio capaz de criar espaço de liberdade, não percebemos que a verdadeira liberdade consiste em ser *UM* com alguém. Na matemática da vida 1 + 1 = 2, mas na lógica do amor de Deus, na busca do amor pleno na vida, 1 + 1 = 1. Na divisão não nos sentimos bem, buscamos alguém que nos acolha, que nos agasalhe em seu coração e se identifique conosco da forma mais plena e possível. A união do matrimônio revela opacamente esta profunda união do ser. É a busca da unidade interior revelada nos Atos dos Apóstolos: os primeiros cristãos eram um só coração e uma só alma.

Jesus, proclamando a sua unidade com o Pai, desperta em nós o desejo de vencer todas as divisões e rupturas e de nos lançarmos na busca da unidade do amor indiviso, pleno e total. Na oração, percebemos a recomposição do nosso ser. Jesus reconhece a primazia do Pai, busca-o e sente-se *UM* com Ele.

É o caminho da oração no Espírito. Todo o homem que assume o Cristo vai experimentando esta unidade que tranqüiliza e comunica a paz. Voltar à nascente de onde nascemos, reatar a unidade rompida pelo pecado, reassumir a voz do Espírito Santo como nossa única voz. Somente a voz do silêncio e do amor tem espaço na adoração.

Nós, homens de hoje, não temos consciência da adoração. Vivemos em função das coisas, buscamos o lucro, o dinheiro, a projeção de nós mesmos. Estamos em busca de máscaras que podem esconder a nossa identidade, temos medo de revelar o que somos. É necessário assumir e resgatar novamente a beleza da adoração; sair da adoração das coisas e retornar ao único necessário, em que Deus se revela em sua plenitude. A secularização quer pôr Deus à margem. O avanço terrível e espantoso da idolatria da máquina, obra das mãos do homem, gera ídolos mortos. A veracidade da sátira dos ídolos do profeta Isaías ressoa como uma voz que nos chama de volta ao mistério.

> "Todos os que modelam estátuas de ídolos não são nada e suas obras-primas não trazem proveito; suas testemunhas nada vêem ou percebem, para que saiam frustradas. O ferreiro fabrica o machado na brasa, forma-o à força de marteladas e o forja com o braço robusto. O escultor de madeira estende o metro, traça um esboço com estilete, entalha com o buril e com o compasso o esboça, dando-lhe a forma viril, a aparência de um homem garboso, para morar em um templo" (Is 44,9.12-13).

E ainda o Salmo 113 nos recorda:

"São os deuses pagãos ouro e prata,
todos eles são obras humanas.
Têm boca e não podem falar,
têm olhos e não podem ver;
têm nariz e não podem cheirar,
têm ouvidos e não podem ouvir.
Têm mãos e não podem pegar,
têm pés e não podem andar;
nenhum som sua garganta produz" (Sl 113).

O desejo do homem é sentir-se autônomo, livre de todo condicionamento. Nesta busca, manifestando toda sua insegurança, cria ídolos e se afasta do Deus da verdade. Não querem Deus; não ter necessidade de Deus é o caminho para o Nada, para o Vazio.

"Sem mim, nada podeis fazer."

Adorar é depositar sem reservas a nossa vida nas mãos de Deus; é crer que ele vai cuidar de nós. Se acreditarmos nas palavras do Salmo 36 nossa vida será um hino de louvor pleno:

"Coloca no Senhor tua alegria,
ele dará o que pedir o teu coração.
Deixa ao cuidado do Senhor o teu destino;
confia nele, e com certeza ele agirá".

As estradas da vida são poeirentas, mas é preciso saber que sempre há Alguém que nos espera e nos ama. O maior desafio para o homem é sem compreender saber dizer na dimensão da fé: *Adoro-te!*

Ser adorador da Verdade; libertar-se de toda forma de culto que não gera liberdade: eis a meta! Adorar é permanecer em silêncio, na escuta da voz do Senhor que fala ao nosso coração.

Considera, ó minha alma, com que deleite e amor o Pai conhece a seu Filho e o Filho a seu Pai: contempla o ardor com que o Espírito Santo se une a eles; e como nenhum dos três se pode apartar desse amor e conhecimento, porque são um mesmo Deus; conhecem-se, amam-se e se comprazem mutuamente. Ora, que necessidade há do meu amor? Por que o quereis, Deus meu? Que ganhais em possuí-lo?...

Alegra-te, minha alma, por haver quem ame a teu Deus como ele merece! Alegra-te por haver quem conheça sua bondade e excelência! Dá-lhe graças porque nos deu na terra quem assim o conhece, como seu Filho que é. Debaixo deste amparo poderás aproximar-te e suplicar-lhe que, pois Sua Majestade se deleita Contigo, não permita que as coisas da terra te impeçam de encontrar nela as tuas grandes delícias e de alegrar-te com suas grandezas, já que tanto merece ser amado e louvado, roga-lhe que te ajude e que sirvas de algum modo para ser bendito o seu nome (Santa Teresa de Jesus, *Exclamações*).

PARE E REZE!

EU TE BENDIGO, Ó PAI

Normalmente, quando se fala em bênção, pensamos em uma ação de Deus sobre o homem. Ao escutar o ritual de uma bênção, nossa mente evoca de imediato a idéia de Deus que concede, mediante a fórmula pronunciada, um bem, um dom para aquele que a ouve. É esta a acepção mais comum de "bênção"; palavra de Deus que quando emitida, porque viva e eficaz, traz consigo o bem ao homem. É a "Bem + dição" que se opõe à "Mal + dição".

Porém ela pode ser entendida também como uma resposta a toda a obra de Deus, aos benefícios dele recebidos. Neste caso, a bênção se aproxima muito das categorias de ação de graças e louvor. A bênção, enquanto ação do homem de bendizer a Deus, é uma oração típica do povo de Israel. Aparece com freqüência nos Salmos (vejam-se por exemplo: Sl 31,22; Sl 124,6; Sl 103,2) e em trechos bíblicos que celebram a intervenção benigna de Deus na história de uma pessoa em particular ou de todo o povo eleito (cf. ex: Dn 13,88).

Assim, no conceito de bênção encontramos tanto o movimento descendente — da graça que procede de Deus para o homem — como o movimento ascendente — da ação de graças que do homem sobe a Deus. Aproximando-nos de Jesus, vamos descobrindo esta segunda atitude como fundamento de sua oração.

Ao lado da adoração está a glorificação, o agradecimento ao Pai por tudo o que existe ao nosso redor e em nós. Somente sabendo agradecer, a vida se transforma em um hino de louvor. Nem sempre é fácil compreender que tudo recebemos gratuitamente e que gratuitamente devemos dar. A gratuidade é cada vez mais uma virtude em extinção. Todo o nosso raciocínio baseia-se na lei do lucro, do comércio. Esta é a ganância do relacionamento; quer-se sempre tirar proveito do que se faz ou do que se diz. Tudo é comercializado. A redescoberta da doação pela alegria de se doar é empenho de cada pessoa que não quer morrer asfixiada no jogo da exploração. Um jogo bem duro! Se o homem pudesse taxar a luz do sol, o vento, o ar que se respira, já o teria feito há muito tempo. Há lugares em que se entra somente pagando... praias privadas, bosques particulares, e tudo por amor ao lucro. Não se tem medo de desmatar, de destruir, de contrabandear, desde que proporcione lucro.

Eu te bendigo, ó Pai, porque escondeste a alegria da gratuidade, da bênção, do louvor, aos sábios deste mundo, aos ricos, aos fortes, aos que não sentem necessidade de nada porque pensam tudo possuir. Tu a revelaste aos pequenos.

Somente a criança sabe sentir-se satisfeita brincando com a água do mar, com a areia da praia ou com a folha de uma árvore que o vento fez cair. Somente quem tiver o coração simples sabe apreciar a beleza de um papel dourado que parece jóia de ouro. Criança comercializa folha de árvore, papéis dourados e faz coleção de tampinhas de Coca-Cola ou de palitos de picolé.

Também adultos podem fazer estas coleções, mas eles não o fazem por pura alegria; têm em vista o lucro!

Paremos. Quanto tempo faz que não se contempla uma estrela pela mera alegria de a contemplar? Quanto tempo faz que não se pára diante de uma flor para simplesmente apreciar a sua cor, a sua beleza?

> "Olhai as aves do céu: não semeiam, nem colhem, nem guardam em celeiros, e no entanto o Pai celeste as alimenta. Olhai como crescem os lírios do campo: não trabalham, nem fiam. Mas nem Salomão com toda a sua gloria se vestiu como um deles" (Mt 6,26.28).

Somos louvor quando redescobrimos em nós a capacidade de nos maravilharmos com o salmista que dá vida ao mundo e a todo o universo para louvar e bendizer.

> "Louve a Deus tudo o que vive e respira,
> tudo cante os louvores do Senhor!" (Salmo 150).

São Francisco de Assis soube dar voz e chamar de irmão tudo o que se apresentava ao seu lado: irmã Lua, irmão Sol, irmão Fogo, irmã Água... Ele, São Paulo da Cruz e outros gritavam para as flores: "Calai-vos!" Porque as criaturas lhes anunciavam a glória de Deus com uma força irresistível.

Louvar é abrir os olhos diante do universo e permanecer silenciosamente na escuta da voz do Senhor, que, mediante as criaturas, se manifesta em toda a sua beleza. É o amor que dá sentido ao louvor. Às vezes eu penso em quanto tempo se gasta para preparar a festa comemorativa da vitória de um time de futebol ou da chegada de um político a uma cidade. Tudo se transforma em festa, até mesmo os maiores sacrifícios.

É necessário, numa atitude de discipulado, reaprender a descobrir nas orações bíblicas, principalmente nos Salmos, toda a riqueza do louvor. É necessário ter os olhos atentos para sentir toda a criação, tudo o que existe como meio para nos aproximarmos de Deus.

"Com que dilações esperas, minha alma, se desde já podes amar a teu Deus em teu coração?

Os céus são meus e minha é a terra; minhas são as criaturas, os justos são meus e meus os pecadores; os anjos são meus e a mãe de Deus e todas as coisas são minhas; e o próprio Deus é meu e para mim, porque Cristo é meu e todo para mim.

Que pedes, pois, e buscas, alma minha? Tudo isto é teu e para ti. Não te rebaixes, nem atentes às migalhas caídas da mesa de teu Pai. Sai de ti e gloria-te da tua glória. Esconde-te nela e goza, e alcançarás o que teu coração pede."

São João da Cruz, *Ditos de Luz e Amor*

PARE E REZE!

EU TE AGRADEÇO, Ó PAI

Saber agradecer é uma arte tão delicada que só se aprende na escola de Jesus e de Maria. Somente eles podem nos ensinar a transformar toda a nossa existência numa ação de graça.

Jesus, a cada instante, sabe dizer: "Eu te agradeço, ó Pai". Por que agradecia ao Pai? Nunca Jesus se arrependeu de ter vindo a este mundo, de ter se encarnado. Toda a sua vida foi um constante hino de ação de graças. Atrás de cada palavra, de cada gesto de Jesus, está a Eucaristia, que não é outra realidade que a maior ação de graça. Agradecer não é pronunciar palavras bonitas mas principalmente oferecer num gesto de extremo carinho a própria vida.

Na Eucaristia, nós dizemos: "Ó Pai, nós vos oferecemos o mesmo dom que de vós recebemos". Este dom é Jesus. A vida de Jesus é tão diferente daquela dos profetas do Antigo Testamento. Eles, em sua maioria, sabiam apenas queixar-se. Nos profetas, falta a ação de graças. Não é assim com Jesus; nele tudo é agradecimento e dom.

Os homens de hoje querem escrever a história sem Deus e, a cada página, encontram-se mais mergulhados no caos, na confusão. É necessário deixar-se tomar pela mão do Senhor cada vez mais, para construir uma história diferente, marcada pela esperança e pela vida. "Tudo é graça", dizia Santa Teresinha numa profunda intuição. Mesmo o sofrimento, a incompreensão, o desamor, o frio da indiferença assumida com fé. Tudo é graça e leva ao agradecimento, embora nem sempre esteja presente o sentimento, mas onde a fé está viva.

Mas é necessário principalmente aprender a agradecer pela nossa existência. Como é maravilhoso tomar consciência de que vivemos, fomos criados por amor e estamos presentes na história como alguém importante e indispensável nos planos de Deus.

No salmo 138 está o segredo da ação de graças:

> "Senhor, vós me sondais e me conheceis,
> sabeis quando me sento ou me levanto;
> de longe penetrais meus pensamentos,
> percebeis quando me deito e quando eu ando,
> os meus caminhos vos são todos conhecidos.
> A palavra nem chegou à minha língua,
> e já, Senhor, a conheceis inteiramente.
> Por detrás e pela frente me envolveis;
> pusestes sobre mim a vossa mão.
> Esta verdade é por demais maravilhosa,
> é tão sublime que não a posso compreender.
> Em que lugar me ocultarei de vosso espírito?
> E para onde fugirei de vossa face?
> Se eu subir até os céus, aí estais;
> se eu descer até o abismo, estais presente.

Se a aurora me emprestar as suas asas,
para eu voar e habitar no fim dos mares,
mesmo lá vai me guiar a vossa mão
e segurar-me com firmeza a vossa destra.
Se eu pensasse: 'A escuridão venha esconder-me
e que a luz ao meu redor se faça noite'.
Mesmo as trevas para vós não são escuras,
a própria noite resplandece como o dia,
e a escuridão é tão brilhante como a luz.
Fostes vós que me formastes as entranhas,
e o seio de minha mãe vós me tecestes.
Eu vos louvo e vos dou graças, ó Senhor,
porque de modo admiravel me formastes!
Que prodígio e maravilha as vossas obras!" (Salmo 138).

Na escola de Maria, a Virgem do agradecimento, aprende-se a capacidade de ser ação de graça. Não de uma maneira sentimentalista, mas na fé e na esperança. Como é belo caminhar ao ritmo do passo de Maria! Percorrer a longa estrada de Nazaré até a casa de Isabel é o caminho do canto e da ação de graças. Maria não esconde a sua felicidade em ser a Mãe do Salvador; sente-se toda estremecer e pode cantar e ensinar a cantar o Magnificat. Nunca mais será escrito um hino de ação de graças tão marcado pela simplicidade e profundidade como o Magnificat. É o mundo, a humanidade, o homem pequeno e pobre que, em Maria, se encontram e se sentem amados por Deus.

Maria é ação de graças no presépio, no templo, nas Bodas de Caná e aos pés da Cruz. Também no silêncio do Cenáculo. Não podemos fixar o nosso olhar no rosto sereno e luminoso de Maria sem sentirmos brotar em nosso íntimo o desejo de agradecer ao Senhor por nos ter dado Maria.

É no silêncio que Maria pronuncia tantas e tantas vezes seu *Sim* de fé e ação de graças. É com Maria que o nosso coração se faz humano, simples e transparente...

No caminho da vida, no entardecer do dia, na dor que fere, na vida que nasce, em toda e qualquer circunstância, podemos murmurar, balbuciar: "Eu te agradeço, ó Pai".

"Onipotente, santíssimo, altíssimo e sumo Deus, sumo bem, todo o bem, único bem, rendo-vos todo o louvor, Senhor, toda a glória, todas as graças, todas as honras, toda a bênção! E todo o bem sempre vos atribuo.

Já eu, miserável e pecador, nem de nomear-vos sou digno, suplicante vos rogo: que o Senhor nosso Jesus Cristo, vosso dileto Filho, em quem vos comprazeis, juntamente com o Espírito Santo Consolador, vos renda graça como vos agrada, por mim e por todos: ele que vos basta sempre em tudo e por quem tanto nos destes. Aleluia."

São Francisco de Assis, *Ditos*

PARE E REZE!

A ORAÇÃO OBLATIVA

Oblação quer dizer oferta. Na oração, mais que pedir, aprendemos a oferecer; maior é a oferta e mais profunda e íntima será a oração. A frase do Evangelho que sintetiza todo o mistério da oferta, na dimensão da fraternidade, é sem dúvida aquela que Jesus diz: "Não há maior amor do que dar a vida por aquele que se ama" (Jo 15,13). Dar a vida não porque alguém nos obriga a isso, mas porque se trata de uma necessidade do amor. No amor não há compra e venda; há dom, entrega. O entregar-se a alguém é a alegria mais íntima que se pode experimentar nesta vida. É deixar que o outro entre totalmente para fazer parte de nossa história, tornando-se dono de nós mesmos porque nós lhe damos este direito. A vida não pode permanecer estática; nela há o dinamismo do amor que leva a procurar alguém que nos queira acolher e ser acolhido. Oferecer é iniciativa do amor. Quem ama terá sempre capacidade de doar-se. São João da Cruz, Santa Teresa, Santa Teresinha, todos os místicos compreenderam esta dimensão da oferta.

Jesus, orando, oferece-se ao Pai. No alto da cruz, oferece tudo o que ainda lhe resta da vida, o seu último respiro: "Em tuas mãos entrego, ó Pai, o meu espírito".

Na oferta oblativa temos a globalização de todas as formas de oração: ação de graças, louvor, intercessão, petição. É necessário descobrir na vida de cada dia o aspecto de oblação de nós mesmos. Vivemos em função do lucro; antes de amar, fazemos os nossos cálculos do que podemos ganhar ou perder. Não sabemos nos lançar no oceano do amor infinito do Senhor, onde há espaço só para a pura gratuidade. Reexperimentemos fazer as coisas só por amor! Não pensemos em agradecimentos ou recompensas! Façamos as coisas pela pura alegria de amar e doar. A amizade que não se fundamenta sobre os alicerces da oblatividade, mais cedo ou mais tarde, cansa e busca nos amigos alguém para "explorar". Santa Teresinha nos fala que o verdadeiro amor é gratuito:

"Viver de amor é a Deus dar sem medida,
sem o salário nunca reclamar.
É dar amor, vontade, força e vida,
tudo a Jesus para os irmãos salvar!
Hei de viver, de gozar lá no empíreo,
então, terá fugido a dor;
mas cá na terra eu quero, em meu martírio,
viver de amor, Jesus, viver de amor!" (*Poesias*).

Gosto de refletir e pensar que a primeira Eucaristia da história foi "celebrada" por Maria em Nazaré. Ela, depois de ter recebido em seu seio virginal o Verbo Eterno, oferece ao Pai o próprio Cristo que em suas entranhas começa a existir. É a oração oblativa que inicia o seu caminho na vida de Maria e nunca mais terá fim. Aos pés da cruz, contemplamos a Virgem Santa, numa atitude sacerdotal. Oferece ao Pai o corpo de Cristo como em uma solene Eucaristia. É a oblação sem mancha. O apóstolo Paulo, em sua carta aos romanos, nos convida a celebrar a Eucaristia na pura oblatividade do nosso ser:

> "Exorto-vos, irmãos, pela misericórdia de Deus, a oferecerdes vossos corpos como hóstia viva, santa e agradável a Deus; este é o vosso culto espiritual. E não vos conformeis com este mundo, mas transformai-vos, renovando a vossa mente, a fim de poderdes discernir qual é a vontade de Deus e o que é bom, agradável e perfeito" (Rm 12,1-2).

Oferecer é o gesto espontâneo do coração. E, quando é verdadeiramente autêntico, é oferta de tudo; não se pode escolher a oferenda.

Na certeza de que o Pai, junto com Cristo, nos recebe e nos transforma plenamente, não tenhamos medo da dor. Em nosso corpo cumpre-se a paixão que ainda não terminou. Somente no encontro definitivo com Cristo teremos a certeza de que a nossa missa está terminada. Vale a pena meditar no silêncio da oração o Ato de oferta de Santa Teresinha do Menino Jesus. Ela, com seus 24 anos de idade, chegou a compreender como a vida só tem sentido se for oferecida ao amor misericordioso.

"Ó meu Deus! Bem-aventurada Trindade, desejo amar-vos e fazer que vos amem, trabalhar pela glorificação da Santa Igreja, salvando as almas que estão na terra, e libertando as que sofrem no Purgatório. Desejo cumprir, perfeitamente, vossa vontade e alcançar o grau de glória que me preparastes em vosso Reino. Numa palavra, desejo ser santa, mas sinto minha insuficiência, e peço-vos, ó meu Deus, sede vós a minha santidade.

Já que me amastes a ponto de me dardes vosso Filho Único, para ser meu Salvador e meu Esposo, meus são os infinitos tesouros de seus méritos. Com prazer vo-los ofereço, suplicando-vos não olheis para mim senão através da face de Jesus dentro de seu Coração abrasado de amor.

Ofereço-vos também os merecimentos dos santos (que estão no Céu e na terra), seus atos de amor e os dos Santos Anjos. Ofereço-vos, afinal, ó Bem-aventurada Trindade!, o amor e os méritos da Santíssima Virgem, minha querida mãe, a quem entrego minha oblação, com o pedido que vo-la apresente. Seu Divino Filho, meu Bem-amado Esposo, disse-nos em dias de sua vida mortal: 'Tudo quanto pedirdes ao meu Pai em meu nome, vo-lo dará'. Tenho, pois, certeza de que atendereis meus desejos. Isto sei eu, ó meu Deus, quanto mais quereis dar tanto mais impelis a desejar. Sinto no coração desejos imensos, e confiante vos peço que venhais tomar posse de minha alma. Ah!, não me é dado receber a santa comunhão tantas vezes como desejo. Mas, Senhor, não sois todo-poderoso? Ficai em mim, como no tabernáculo, não vos ausenteis jamais de vossa pequenina hóstia...

Quisera consolar-vos da ingratidão dos perversos, suplicando-vos que me tireis a liberdade de vos agravar. Se alguma vez cair por fraqueza, vosso Divino olhar me purifique imediatamente a alma, consumindo todas as minhas imperfeições, como o fogo que transforma em si próprio todas as coisas...

Agradeço-vos, ó meu Deus, todas as graças que me concedestes, de modo particular a de me terdes feito passar pelo cadinho do sofrimento. Exultante vos contemplarei no último dia, a empunhar o cetro da Cruz. Uma vez que vos dignastes dar-me como partilha a Cruz tão preciosa, espero assemelhar-me convosco no Céu, e que em meu corpo glorificado veja resplandecer os sagrados estigmas de vossa paixão...

Terminando o exílio da terra, espero ir gozar convosco na Pátria. Não quero, porém, juntar méritos para o Céu, quero trabalhar por vosso único amor, com o único intuito de vos agradar, de consolar o vosso Sagrado Coração e de salvar almas que vos amem eternamente.

No entardecer da vida, comparecerei diante de vós com mãos vazias, pois não vos peço, Senhor, que leveis em conta as minhas obras. Todas as nossas justiças têm defeitos aos vossos olhos. Quero, pois, revestir-me de vossa própria justiça e receber de vosso amor a eterna posse de Vós mesmo. Não quero outro trono nem outra coroa senão Vós mesmo, ó meu Bem-amado!...

O Tempo nada conta aos vossos olhos. Um único dia é como se fossem mil anos. Podeis, portanto, preparar-me num instante para comparecer à vossa presença...

A fim de viver em ato de perfeito amor, *ofereço-me como vítima de holocausto ao vosso amor misericordioso*, pedindo-vos que me consumais sem cessar, e façais irromper em minha alma as torrentes de infinita ternura que em vós se comportam, e assim me torne mártir de vosso amor, ó meu Deus!...

Depois de preparada para comparecer à vossa presença, esse martírio me faça enfim morrer, e minha alma se lance sem demora ao eternal amplexo de vosso misericordioso amor...

Quero, meu Bem-amado, a cada batida do coração, renovar-vos esta oblação um sem-número de vezes, até que, desfeitas as sombras, possa afiançar-vos meu amor num eterno face-a-face!"

Santa Teresinha do menino Jesus, *Ato de Oferecimento ao Amor Misericordioso*

PARE E REZE!

ORAÇÃO LITÚRGICA

Aproximar-se de Jesus orante é contemplá-lo em toda a sua beleza. Ele reza não somente em silêncio e na solidão, mas também junto com o povo. Caminha com a comunidade para Jerusalém, onde celebra a Páscoa com toda a solenidade. Ele, Páscoa viva, assume o mistério de toda a celebração litúrgica. Toda a nossa vida é uma liturgia em que podemos perceber a presença viva de Javé, que, caminhando com o povo através do deserto, leva-o até a montanha onde se manifesta. O povo ergue o altar e oferece sacrifícios de louvor, de expiação ao longo de sua história.

Celebrar a liturgia é descobrir uma oração que se faz vida e que pertence ao hoje. A liturgia não pode ser a repetição do ontem; necessita atualizar-se para ser cada vez mais encarnada e inserida no coração do povo. Gestos novos, palavras novas, celebrações que, respeitando cada cultura, elevam seu louvor para o Senhor de todos os tempos.

A liturgia é o desembocar natural de toda a oração pessoal. Uma oração pessoal que não gera a celebração litúrgica corre o risco de ser intimista e não tocar o coração do povo que, sofrido ou alegre, quer manifestar com a própria caminhada a sua adoração. Uma oração litúrgica que não nasce dos momentos de intimidade e de silêncio orante corre o risco de não ultrapassar os limites de um conhecimento social. Os aspectos pessoal e comunitário são elementos que não podem ser separados; caminham juntos; o Eu se faz *Nós*.

O vértice da oração da Igreja, a sua manifestação mais bela do ser orante é a celebração litúrgica, em que se continua o caminho e a presença da encarnação; a liturgia por excelência. Na liturgia tudo é assumido em sua plenitude; nada fica de fora. A vida, a morte, a alegria, o sofrimento, tudo passa pela liturgia e se faz comum a todos e gera comunhão.

Todos nós precisamos sair do pequeno círculo do nosso mundo, do nosso claustro interior, e celebrar a vida no canto e no dinamismo que nasce do Cristo, chamando-nos ao amor.

Celebrar o amor, a vida é o ideal de cada um de nós. É pena que a nossa liturgia seja tão distante do coração do povo, que não viva na mesma sintonia e não perceba o mesmo grito de libertação. Cada comunidade deve possuir o seu próprio espaço para celebrar, dinamizar, criar as próprias celebrações litúrgicas, dentro do espírito do pluralismo da Igreja, isto é, assumindo as particularidades de cada cultura sem romper a unidade eclesial. Somos membros diferentes, mas membros de um mesmo corpo.

Os protagonistas da celebração são Cristo e o povo. Cristo se faz carne em uma realidade concreta, viva, na história de Israel e na história de cada povo aonde chega o anúncio evangelizador. O povo, percebendo a chegada da Palavra da Vida, a encarna e, deste modo, a reveste de sua própria realidade. Na liturgia, o Eu do homem é assumido pelo Eu de Cristo, para juntos formar a unidade e a comunhão.

A oração litúrgica não é gesto morto, mas vida nova. É necessário renovar toda celebração, de modo que a comunidade possa ser responsável dos próprios gestos.

Reassumir na nossa vida o mistério e o ministério da liturgia — sendo uma presença dinâmica de vida na comunidade — Eis a nossa tarefa! Como de qualquer cristão, a nossa atitude não deve ser de simples espectadores, mas de dinamizadores e participantes ativos de todo ato litúrgico. A oração litúrgica só é verdadeiramente eclesial quando é fruto de uma oração pessoal, quando nasce de um coração que vê a história da salvação no hoje da Igreja. Toda a economia da salvação torna-se, na liturgia, uma proclamação atualizada, uma presença viva. Na liturgia são-nos comunicadas e reveladas a verdade e a vida de Deus Pai, por Cristo, no Espírito. A palavra proclamada atualiza esta revelação; os gestos sacramentais constituem a presença das *maravilhas de Deus* no hoje da Igreja; a oração é a forma com que a Igreja acolhe e celebra esta salvação.

"Não nos cabe confrontar a oração íntima e, de todas as formas, oração espontânea como 'Piedade Subjetiva' da liturgia com a 'Oração Objetiva' da Igreja. Cada oração verdadeira é oração da Igreja. Daí decorre que mediante cada oração verdadeira acontece algo na Igreja; é a própria Igreja que nela ora, pois é o Espírito Santo vivo nela quem 'pede e ora em cada um de nós de maneira única, com gemidos inefáveis e intermináveis'. É isso a verdadeira oração! Pois ninguém pode dizer 'Senhor Jesus' senão movido pelo Espírito Santo. A entrega sem barreiras ao amor a Deus e a doação divina, a retribuição, a união plena e contínua são a elevação mais sublime que o coração pode alcançar, é o degrau mais alto da oração. As pessoas que o alcançaram são verdadeiramente o coração da Igreja. Nelas vive o supremo amor sacerdotal de Jesus. Com Cristo, em Deus ocultas, são capazes de irradiar em outros corações o amor divino do qual elas são plenificadas, realizando, assim, a plenificação de todos para a unidade em Deus."

Edith Stein, Ensaio sobre *A Oração da Igreja*

PARE E REZE!

EUCARISTIA, CENTRO DA VIDA SACRAMENTAL

Celebrar a memória de Jesus é o mistério mais belo e consolador de toda a nossa vida. É a certeza de que ele está entre nós, não somente mediante a sua Palavra, mas também com o seu corpo e sangue. Uma presença real, que nos faz sentir pequenos e que comove as entranhas de nosso ser. Não se compreende o mistério em toda a sua extensão e profundidade; o mais importante, porém, é adorá-lo e assumi-lo como dom do Pai. No mergulho do mistério incompreensível aos olhos do corpo e da inteligência, percebemos a paz e alegria do não-compreender que vai surgindo dentro de nós.

Na Eucaristia, sentimos que a presença se faz vida, é uma celebração com a pessoa de Cristo presente que nos fala na Escritura, que nos ensina na fração do pão e nos alimenta com o seu corpo e sangue.

"Todas as vezes que comerdes deste pão e beberdes deste cálice, anunciai a morte do Senhor, até que ele venha" (1Cor 11,26).

Conscientes da grandeza do mistério que se celebra, a Igreja sempre nos convida a uma preparação permanente. A celebração da Palavra não é um simples rito, mas algo mais: é a escuta do próprio Deus que nos fala e nos interpela; prepara-nos e nos questiona; converte-nos e, dando-nos o exemplo, convida-nos a realizar em nós o nosso mistério pascal. Ouçamos Irmã Carmela do Espírito Santo, uma monja carmelita descalça que viveu no Carmelo de São José, em Roma, por volta dos anos 40-50:

"Fazei, ó Jesus, que vosso sacrifício, o santo sacrifício do altar, fonte seja e modelo do meu, pois também minha vida deve ser um santo sacrifício. Sacrifício certamente é, porquanto a vida inteira é um tecido de mortificações, de renúncias, de sofrimentos... Mas para que seja *Santo* o meu sacrifício, como o vosso no Calvário e na missa, cumpre seja vivificado, oferecido, consumado no amor. Concedei-me, ó Jesus, um grande amor que valorize o meu sacrifício, fecunde-o para a glória do Pai, para o triunfo da Igreja, para o bem das almas.

Ó Jesus, ó divino sacerdote, que vos oferecerei como matéria de sacrifício, como vítima de amor? Meu coração vos oferecerei, minha vontade, meu próprio amor para que seja todo transformado no vosso. Justamente, exemplo me dais, em vosso Santo Sacrifício, desta perfeita docilidade, conformidade, abandono. Eis, pois, a oferta que faço também eu: oferecimento geral, total a quaisquer disposições da Divina Providência, a todos os quereres divinos".

Todo cristão é chamado a viver o seu sacerdócio comum, a sentir a sua função na celebração do mistério. E isto é feito mediante aqueles que, escolhidos dentro da própria comunidade dos fiéis, recebem o Sacerdócio ministerial. Não resta dúvida: ambos estão um em função do outro. "Os presbíteros exercem seu sagrado múnus principalmente no culto eucarístico, no qual, agindo na pessoa de Cristo e proclamando seu mistério, eles unem os votos dos fiéis ao sacrifício de sua cabeça" (LG 28). A consciência de sermos pecadores nos purifica antes de ouvir a Palavra e, principalmente, antes de nos aproximar do banquete da alegria.

Um nome maravilhoso da Eucaristia é "viático"; o alimento do viajor, daquele que obrigado a colocar-se em um longo caminho percebe a necessidade de carregar consigo o alimento da vida. Oxalá um dia pudéssemos voltar aos tempos primitivos, quando os que participavam da Eucaristia, no fim da celebração, levavam consigo o corpo do Senhor para dá-lo aos que, por vários motivos, permaneciam em casa.

Normalmente, Jesus atende ao que o povo lhe pede. Escuta o grito do sofredor e opera o milagre. Às vezes me pergunto: quem pediu a Jesus a Eucaristia? Ninguém. Nasceu do seu coração, cheio de amor e transbordante de pura gratuidade. O dom que ninguém nos pede é sempre maior, mais pleno. Dar sem que ninguém nos peça é sinal de verdadeiro amor.

Pensemos, neste momento, na comunidade, pois nenhum ato litúrgico é solitário. Mesmo que o sacerdote celebre sozinho, sendo mediador entre Deus e os homens, ele carrega em seu coração todo o universo, toda a prece daqueles que elevam seu coração ao céu. A liturgia é o gesto da nação santa, raça régia e profética que se celebra na sua plenitude. Não é outra a razão pela qual o sacerdote nunca deveria deixar de celebrar a Eucaristia, tenha ou não a presença da assembléia. Ele oferece o sacrifício para o povo e para si mesmo. Também no silêncio da noite o sacrifício-holocausto era oferecido ao Senhor.

A oferta de nossas vidas vem a ser completada pela oferta ainda mais sublime do pão e do vinho, presença sempre viva do Cristo entre nós, pois, oferecidos e a nós restituídos, não são mais alimento para o corpo, mas, pelo mistério da Consagração, tornam-se o nutrimento substancioso, o corpo e o sangue do Senhor Jesus.

> "O cálice das bênçãos que benzemos, não é ele a comunhão do sangue de Cristo? E o pão que partimos, não é ele a comunhão do corpo de Cristo? Porque somos um só pão e um só corpo apesar de muitos, pois todos participamos deste único pão" (1Cor 10,16-17).

Nada de mais belo para convencer-se desta profunda inserção na vida de Cristo do que ler, numa postura contemplativa, meditando no silêncio do nosso ser, todo o capítulo 15 de João, em que nos é dito que a videira — Cristo — faz passar toda a sua seiva aos ramos. Um ramo cortado não produz fruto... "Sem mim, nada podeis fazer", adverte-nos Jesus.

De toda experiência pessoal que temos do Senhor, podemos duvidar. Pode ser, talvez, um fenômeno psicológico ou até mesmo ilusão do demônio, como nos diz São João da Cruz. Ele, sabendo ser difícil enganar os espirituais com o mal, reveste-se de anjo de luz (cf. Cautelas, 10). Mas da experiência do Senhor na Eucaristia não podemos duvidar. É pela fé que nós cremos; duvidar seria fazer desmoronar toda a nossa caminhada de amor, seria caminhar no terreno movediço do sentimento que nada diz. Se um dia os estigmas nos aparecerem ou tivermos dons extraordinários, sempre poderemos duvidar de sua autenticidade; mas da Eucaristia jamais. Ela é a experiência mais íntima de relacionamento com Deus. Quando quisermos verdadeiramente nos encontrar com Cristo, devemos buscar a Comunhão. Ele disse: "Isto é o meu corpo. Isto é o meu sangue"; é como se dissesse: "Isto sou eu".

Santa Teresa, a grande sedenta de união com Cristo, falando às suas monjas deixa também a nós este conselho:

"Não percais tão boa ocasião de tratar dos vossos interesses, como é o tempo depois da comunhão. Se a obediência ordenar outra coisa, irmãs, procurai deixar a alma com o Senhor. Com se vos manifestará se logo distraís o pensamento e não fazeis caso dele, nem vos lembrais de quem está dentro de vossa alma? Este é um tempo precioso. Nele o nosso divino Mestre nos ensina. Ouçamos o que nos diz, e beijemos-lhe os pés, agradecendo por nos ter ensinado. Supliquemos-lhe então que não se afaste de nós" (Caminho 34.10).

A Eucaristia, não raramente, é caminho de Noite. A Igreja proclama: "Eis o Mistério da fé!" Nada se sente, nada se enxerga, mas a noite, lentamente, se faz luz e vida.

"Aquele eterna Fonte está escondida
neste pão vivo para dar-nos vida,
mesmo de noite.

De lá está chamando as criaturas,
que nela se saciam às escuras,
mesmo de noite.

Aquela viva Fonte que desejo,
neste pão de vida já a vejo,
mesmo de noite."

Todos os sacramentos têm um ponto referencial. A celebração da Eucaristia nasce do amor e nos leva à celebração plena do amor. É o sacramento que contém em si todo o sabor; o alimento da flor do trigo e do mel do rochedo.

Na Eucaristia, Jesus se oferece com um simbolismo que nos desconcerta, maravilha e apavora: deixa-se comer para nós o assimilarmos e para Ele nos assimilar. Se pensarmos com a mentalidade atual, a Eucaristia parece não ter eficiência, parece ser inútil. Não se lucra nada. Na ótica da fé, porém, é a única ação que tem valor e salva a humanidade.

Na Eucaristia nos sentimos transformados em Cristo e podemos dizer com veracidade as palavras de São Paulo: "Não sou eu que vivo; é Cristo que vive em mim".

"Ó Pai celeste, que só por vosso querer nos destes vosso Filho e o enviastes ao mundo; e vós, Jesus, por vossa própria vontade, não nos quereis desamparar, feliz de permanecer aqui conosco, para a maior glória de vossos amigos... É esta a razão pela qual vós, ó Pai, nos destes generosamente este Pão diviníssimo, e nos destes em alimento perpétuo o maná da sacratíssima humanidade de Jesus. Agora podemos encontrá-lo quando o quisermos, pelo que, se morremos de fome, será unicamente por culpa nossa.

Ó minha alma, grandes consolações e delícias encontrarás sempre no Santíssimo Sacramento, seja qual for o aspecto em que o consideres. Não há necessidade, nem trabalho, nem perseguição que não se tornem fáceis de sofrer, se começamos a saborear o Salvador.

Peça o pão material quem o quiser. Quanto a mim, ó eterno Pai, peço-vos me concedais receber o Pão celeste com tais disposições que, embora sem felicidade de contemplá-lo com os olhos corporais, por estar tão oculto, contemple-o, ao menos, com os da alma... É pão que contém em si toda a suavidade e delícia, e como sustenta a vida!"

Santa Teresa de Jesus, *Caminho de Perfeição 34,2.5*

PARE E REZE!

BATISMO

No início do cristianismo era clara a dinâmica dos sacramentos da iniciação cristã. Batismo, Crisma e Eucaristia eram todos recebidos no mesmo dia. Tornar-se cristão implica receber uma missão de Deus e dar testemunho do Evangelho em toda circunstância da vida, e para tal, é preciso nutrir-se espiritualmente.

O Batismo é a porta que se abre diante de nós e nos introduz na Assembléia Santa. Insere-nos na vida de Cristo; da morte passamos para a ressurreição. Mas esta realidade deve ser contínua e vai se realizando apenas mediante a “nossa páscoa pessoal”.

“Quão apertada é a porta e quão estreito é o caminho que leva à vida”, nos diz Jesus (Mt 7,14). Mas ele nos diz também: “Eu sou a porta, quem entrar por mim será salvo” (Jo 10,9).

Viver o Batismo é, na imitação do aniquilamento de Jesus, passar do homem velho para a nova criatura, morrer ao pecado e readquirir a semelhança com Deus.

São João da Cruz, comentando a passagem de João 3,3-5, nos diz:

"Isto quis dizer-nos São João nestas palavras: 'Que não nasceram do sangue, nem da vontade do varão, mas de Deus'. É como se dissesse: o poder de se tornarem filhos de Deus e de nele se transformarem é dado somente aos que não são nascidos no sangue, isto é, das disposições naturais; nem da vontade da carne ou do alvedrio da habilidade e capacidade natural, menos ainda da vontade do homem; e nisto se entende toda maneira e modo humano de julgar e conceber segundo a razão. A nenhum desses foi dado o poder de se tornarem filhos de Deus, senão àqueles que nasceram de Deus, ou, em outras palavras, aos que, voluntariamente mortos ao homem velho, são elevados até a vida sobrenatural, recebendo de Deus a regeneração e a filiação divina, que é acima de tudo o que se pode pensar. Porque, como diz o mesmo Apóstolo noutra passagem: 'Quem não renascer da água e do Espírito Santo não poderá entrar no Reino de Deus'. Isto é, quem não renascer do Espírito Santo jamais verá o Reino de Deus, que é o estado de perfeição. Ora, renascer do Espírito Santo nesta vida é tornar-se semelhante a Deus por uma pureza que não admite mescla de imperfeição; somente assim é realizada a transformação perfeita, por participação de união, embora não essencialmente" (*2 Subida* 5,5).

São Paulo usa de uma figura bastante simples e clara para entendermos o que deve ser este "não ter mescla" de imperfeição humana com o ser perfeito. É o ser uma única planta com a Grande Videira que é Cristo. Dela haurimos a seiva para nós. Assim também o batizado deve ser a síntese plena de Cristo, revelá-lo em toda a sua vida, pois haure dele só a sua vitalidade. Cristo é a imagem que reflete perfeitamente a realidade batismal, se efetivamente vivida. Não se trata de uma simples veste exterior, de uma capa superficial que nos envolve. O batismo penetra o âmago do nosso ser e em nossos corações devem reinar os sentimentos de Cristo; as mesmas forças que o impeliam a agir para a glória do Pai, realizando a sua vontade e trazendo o amor redentor ao mundo, devem-nos levar a ações semelhantes.

> "Todos vós que fostes batizados em Cristo vos revestistes de Cristo. Já não há judeu nem grego, nem escravo ou livre, nem homem ou mulher, pois todos vós sois um em Cristo Jesus" (Gl 4,27-28).

É preciso reassumir corajosamente o nosso batismo. Embora já reconciliados com Cristo, permanecemos continuamente em um estado precário de debilidade moral e espiritual, necessitando, ante a nossa fragilidade, aderir a Cristo e *dar provas* dessa adesão uma vez mais.

Por isso, a renovação das promessas batismais jamais se esvazia. Se, na vigília pascal, a Igreja reserva a elas toda uma faceta de solenidade, elas deveriam ser igualmente pronunciadas com alegria e renovada firmeza de propósitos, no silêncio do coração. O Batismo é a nossa primeira e fundamental pertença, mediante a entrega de nosso ser a Deus.

"Pelo mistério pascal fomos no batismo sepultados com Cristo para vivermos com ele uma vida nova. Por isso, renovamos, agora, as promessas de nosso batismo pelas quais já renunciamos a Satanás e suas obras e prometemos servir a Deus na Santa Igreja Católica.

Tu renuncias ao demônio? Renuncio.

E a todas as suas obras? Renuncio.

Para viver na liberdade dos filhos de Deus, renuncias ao pecado? Renuncio.

Para viver como irmãos, renuncias a tudo o que te desune, para que o pecado não domine sobre ti? Renuncio.

Crês em Deus, Pai todo-poderoso, criador do céu e da terra? Creio.

Crês em Jesus Cristo, seu único Filho, nosso Senhor, que nasceu da Virgem Maria, padeceu e foi sepultado, ressuscitou dos mortos e subiu ao céu? Creio.

Crês no Espírito Santo, na Igreja Católica, na comunhão dos santos, na remissão dos pecados, na ressurreição da carne, na vida eterna? Creio.

Sábado Santo, *Renovação das promessas do Batismo*

PARE E REZE!

CRISMA

Se o Batismo é o nosso nascer para a vida cristã, a Crisma é o nosso amadurecer nela. Muitos se referem à Crisma como o "sacramento da confirmação", e isto porque, na verdade, o seu efeito é o de *confirmar* a fé assumida em nosso batismo. À alma é conferida a capacidade para enfrentar o combate espiritual contra os inimigos da fé, pois lhe é dada a necessária força para testemunhar o Evangelho nas mais adversas circunstâncias.

Todos nós devemos estar prontos para confessar Cristo perante os homens, principalmente hoje, quando crescem tantas injustiças, quando decaem tantos valores morais, quando tanto se sufoca a esperança e a caridade e se pratica o aborto da fé.

A Crisma é o Pentecostes pessoal de cada alma. Ao recebermos o Espírito Santo e os seus dons, tornamo-nos destemidos, à semelhança de São Pedro, e de nossas bocas humanas flui o anúncio da Verdade divina. Receber o sacramento da Crisma é se preparar para a missão de evangelizar com coragem profética, de ir ao meio do povo com o caráter de quem é consagrado, de quem é ungido com o óleo da exultação.

Como vivemos e compreendemos a nossa Crisma?

É necessário ter sempre em mente que não nos basta o germe de santidade depositado em nossas almas no Batismo; ele deve receber o incremento que procede de Deus, a fim de que possamos chegar "ao estado de homem perfeito, à estatura da maturidade de Cristo" (Ef 4,13). É este o papel do Espírito Santo, nosso santificador.

Para a maioria de nós, a Crisma é um sacramento que permanece no silêncio e no esquecimento do dia-a-dia, mas é mediante a efusão dos dons do Espírito que somos moldados e plasmados à semelhança de Cristo. Os místicos, como nos atesta Elisabeth da Trindade, são aqueles que clamam pela obra do Espírito:

"Ó fogo consumidor, Espírito de amor, vinde a mim, para que se opere em minha alma como que uma encarnação do Verbo; que eu seja para ele um acréscimo de humanidade na qual renove todo o seu mistério".

E o mistério de Cristo, talvez seja bom lembrar aqui, é o mistério do grão de trigo que cai na terra para gerar nova vida...

"Ó Espírito de Verdade, dai-me conhecer o vosso Verbo, 'ensinai-me a lembrar tudo o que Ele disse', iluminai-me, guiai-me, tornai-me, conforme a Jesus, um "outro Cristo", fazendo-me compreender e amar a cruz, comunicando-me sobretudo sua plenitude, sua humildade, sua obediência, tornai-me participante de sua obra redentora.

É fogo consumidor, Amor divino em pessoa, abrasai-me, queimai-me, consumi-me, destruí meu eu, transformai-me toda em amor, reduzi-me a nada para possuir o Tudo, fazei-me chegar ao cimo do Monte onde habita só a glória de Deus, onde tudo é paz e alegria do Espírito Santo. Atinja eu aqui na terra — por meio do sofrimento e da amorosa contemplação — a união mais íntima com a Santíssima Trindade, enquanto espero contemplá-la no céu, sem veús, na paz, no júbilo, na segurança do banquete eterno."

Irmã Carmela do Espírito Santo, *Escritos inéditos*

PARE E REZE!

RECONCILIAÇÃO

O caminho é longo, fatigoso. É próprio do caminheiro cair, ferir-se, sujar-se. O que importa é não permanecer sob o peso de nossos pecados. É preciso levantar-se e continuar o caminho até chegar à meta.

O sacramento da Reconciliação nos reintegra na comunidade da qual saímos mediante o nosso pecado. Esta atitude de reintegração está presente desde os tempos apostólicos. Havia ritos próprios para que os pecadores fossem readmitidos na comunidade. A penitência consistia em uma veste que manifestava exteriormente a exclusão da assembléia litúrgica, da eucaristia ao longo de toda a Quaresma. Na quinta-feira santa, antes da celebração da Ceia Pascal, o Bispo saía processionalmente da igreja e ia ao encontro dos pecadores que o esperavam do lado de fora da porta. Mediante uma paraliturgia, eram readmitidos na comunidade e na participação da eucaristia.

Somos um povo pecador, a caminho de uma conversão constante. O sacramento da penitência é, desta maneira, uma confissão, proveniente da constatação pessoal, deste nosso estado de pecadores, mas é também, e sobretudo, uma aproximação das fontes vivas da Redenção. É necessário ter a experiência da própria pobreza, da extrema fraqueza para saber o que é perdão e sentir a alegria de ter os laços reatados com o Amor.

A absolvição sacramental ressalta justamente este aspecto redentor, a faceta do Deus que reconcilia cada um de nós consigo mesmo:

> "*Deus, Pai de misericórdia,*
> que pela *morte e ressurreição de seu Filho*
> *reconciliou o mundo consigo*
> e *infundiu o Espírito Santo*
> para a *remissão dos pecados*,
> te conceda, pelo ministério da Igreja,
> o *perdão* e a *paz*.
> Eu te absolvo dos teus pecados,
> em nome do Pai, do Filho e do Espírito Santo".

O sacramento da penitência, reconciliando-nos com Deus, permite como que uma atualização constante dos efeitos do nosso batismo. Segundo a tradição, a reconciliação é um "batismo de lágrimas".

Mas não se pode permanecer tão-somente no aspecto pessoal deste sacramento. Fazemos parte de um corpo, e se um membro sofre todos padecem com ele. É por isso que devemos pensar também numa dimensão eclesial da reconciliação. Através dela nos reconciliamos com todo o Corpo Eclesial, ao qual ferimos com nossas infidelidades. No entanto, isso não é tudo! Às vezes nos esquecemos de que, justamente porque membros de um mesmo corpo, não vivemos "desconexamente". Ao nos aproximar do sacramento levamos não somente o peso de nossos pecados pessoais, mas também representamos a Igreja, sempre necessitada de purificação.

Somos fracos, mas o importante é não desanimar. O essencial é viver a confiança e o amor. Somente na luta cotidiana, na ascese corajosa, é possível subir a montanha que é Cristo e em cujo cimo existe só a liberdade.

"Senhor meu, Amado meu! Se ainda te recordas dos meus pecados, para não fazeres o que ando pedindo, faze neles, Deus meu, a tua vontade, pois é o que mais quero, e exerce neles a tua bondade e misericórdia e serás neles conhecido. Mas se esperas por obras minhas para, por esse meio, atenderes aos meus rogos, dá-mas tu e opera-as tu por mim, assim como as penas que quiseres aceitar e faça-se. Mas se pelas minhas obras não esperas, por que esperas, clementíssimo Senhor meu? Por que tardas? Já que, enfim, há de ser graça e misericórdia o que em teu Filho te peço, toma as minhas moedinhas, pois as queres, e dá-me este bem, pois que tu também o queres.

Quem se poderá libertar dos modos e termos baixos se não o levantas tu a ti em pureza de amor, Deus meu? Como se elevará a ti o homem, gerado e criado em torpezas, se não o levantas tu, Senhor, com a mão com que o fizeste? Não me tirarás, Deus meu, o que uma vez me deste em teu único Filho, Jesus Cristo, em quem me deste tudo quanto quero; por isso confio que não tardarás, se espero."

São João da Cruz, *Oração da alma enamorada*

PARE E REZE!

MATRIMÔNIO

Homem e mulher foram feitos um para o outro.

"E o Senhor disse: 'Não é bom que o homem esteja só. Vou-lhe dar uma auxiliar que lhe corresponda'. Então o Senhor Deus formou da terra todos os animais selvagens e todas as aves do céu, e os trouxe ao homem para ver como os chamaria; Cada ser vivo teria o nome que o homem lhe desse. E o homem deu nome a todos os animais domésticos, às aves do céu e a todos os animais selvagens. Mas dentre todos eles não havia para o homem uma auxiliar que lhe correspondesse. Então o Senhor Deus fez cair um sono profundo sobre o homem e ele adormeceu. Tirou-lhe uma das costelas e fechou o lugar com carne. Depois, da costela tirada do homem, o Senhor Deus formou a mulher e apresentou ao homem. E o homem exclamou: 'Desta vez, sim; é osso dos meus ossos e carne de minha carne! Chamar-se-á Mulher porque foi tirada do homem' " (Gn 2,18-23).

De idêntica natureza humana, cumulados do dom altíssimo do conhecimento e do amor, que os fazem "imagem e semelhança de Deus", homem e mulher têm a grande função de integrar-se e sustentar-se mutuamente, sendo cooperadores com Deus na transmissão da vida.

"Deixará o homem o pai e a mãe e se unirá a sua mulher e se tornarão uma só carne" (Gn 2,24).

Eis aí a origem do matrimônio, querido e abençoado por Deus.

Hoje, em nossa sociedade, o amor conjugal está em crise. O egoísmo, a incapacidade de doar-se, as paixões não dominadas fazem o ser humano esquecer que, chamado por Deus a constituir uma família, deve, através dela, irradiar o Evangelho na sociedade que o circunda.

Mas o que presenciamos agora? A separação daquilo que Deus uniu, a falta do sentido da paternidade e maternidade.

O matrimônio é o sacramento que une homem e mulher indissoluvelmente, em atitude de doação total, é a consagração do amor humano que deve ser vivido a exemplo do amor de Cristo à Igreja:

> "Sujeitai-vos uns aos outros no temor de Cristo. As mulheres casadas sejam submissas aos maridos como ao Senhor. Pois o marido é a cabeça da mulher como Cristo é a cabeça da Igreja, seu corpo, de quem é o salvador. Ora, assim como a Igreja é submissa a Cristo, assim também o sejam em tudo as mulheres a seus maridos. Maridos, amai as vossas esposas como Cristo amou a Igreja e se entregou por ela, para santificá-la, purificando-a pela água do batismo com a palavra, para apresentá-la a si mesmo toda gloriosa, sem mácu-

la, sem ruga, sem nenhum outro defeito semelhante, mas santa e irrepreensível. Assim os maridos devem amar suas mulheres como a seu próprio corpo. Quem ama a sua mulher ama a si mesmo" (Ef 5,21-28).

Na perspectiva cristã, o matrimônio se insere no dinamismo da vida. Homem e mulher colaboram no plano divino da multiplicação da espécie humana.

"O dom recíproco da pessoa no matrimônio abre-se para o dom de uma nova vida, de um novo homem, que é também pessoa à semelhança de seus pais. (...) Na maternidade da mulher, unida à paternidade do homem, reflete-se o mistério eterno do gerar que é próprio de Deus, de Deus uno e trino (cf. Ef 3,14-15). O gerar humano é comum ao homem e à mulher. E se a mulher, guiada por amor ao marido, disser: 'Dei-te um filho', as suas palavras ao mesmo tempo significam: 'Este é nosso filho' " (MD, 18).

E, depois de haver gerado os filhos, cabe aos pais educá-los na escola do Evangelho, levando-os a Jesus. Devem ser, através do amor, do respeito, da fidelidade recíproca, do auxílio mútuo, o modelo prático da conduta dos filhos.

"Ó Deus, com o vosso divino poder criastes todas as coisas do nada, e desde o princípio ordenastes o universo; criando o homem à vossa imagem, quisestes que a mulher fosse para ele uma companheira inseparável, de modo a já não serem dois, mas uma só carne, ensinando-nos assim a nunca separar o que criastes na unidade. Santificastes misteriosamente a união conjugal, desde o princípio, a fim de prefigurar, no vínculo nupcial, o mistério do Cristo e da Igreja. Unistes a mulher ao marido;

dai a esta união estabelecida desde o início a única bênção que não foi abolida nem pelo castigo do pecado original nem pela condenação do dilúvio. Considerai com bondade toda esposa cristã, que, unida pelo matrimônio ao seu marido, suplica a vossa bênção. O amor e a paz permaneçam em seu coração e busque sempre na Sagrada Escritura o exemplo das santas mulheres. Nela confie o seu marido, e saiba honrá-la com a devida estima, reconhecendo-a companheira sua, co-herdeira da vida divina, e amando-a com aquele amor com que Cristo ama a sua Igreja. Ó Pai, que os esposos permaneçam firmes na fé e amem os vossos mandamentos; conservem-se fiéis um ao outro e sejam, para todos, um exemplo. Animados pela força do Evangelho, sejam, entre os homens, verdadeiras testemunhas de Cristo. Sejam fecundos em filhos, pais de comprovada virtude e possam ver os filhos de seus filhos. Enfim, após uma vida longa e feliz, alcancem o Reino do Céu e o convívio dos santos."

Missal Romano, *Missa para os esposos A*

PARE E REZE!

UNÇÃO DOS ENFERMOS

A dor, a doença, o aproximar-se da morte é a nossa experiência humana de cada dia.

"Algum de vós está enfermo? Chame os presbíteros da Igreja e que orem sobre ele, ungindo-o com óleo em nome do Senhor" (Tg 5,14).

A Unção dos enfermos é o sacramento que nos ajuda a sustentar a enfermidade e, se for da vontade de Deus, também nos restitui a saúde. Através desta unção, o mesmo Jesus que em sua vida curou tantos doentes continua a agir. Mas, além disso, este é o meio de consagrarmos a dor, de unirmos os nossos padecimentos ao sofrimento de Jesus e, assim, aquilo que tanto nos repugna se torna instrumento apostólico para atrair graças à Igreja.

A morte não é desejada por Deus. É fruto da deficiência do nosso ser.

"Deus não fez a morte nem tem prazer em destruir os viventes. Tudo criou para que subsista. Porque a justiça é imortal" (Sb 1,13-15).

Inserida no plano da fé, a morte se torna entrada para a vida que não tem fim. Pouco antes de morrer, a beata Elizabeth da Trindade pronunciava as suas últimas palavras: "Vou para a luz, vou para o amor, vou para a vida". É com a fé na ressurreição que a cruz se torna porta para a alegria. Para os que acreditam na vida eterna, a morte não é uma interrogação sem resposta, uma realidade desesperadora. Ela é uma irmã que nos dá a passagem para o conhecimento pleno e total do Senhor, que nos permite contemplá-lo tal qual ele é, no face-a-face sem fim.

São João da Cruz nos diz que o justo não morre. "A morte natural dos que chegam a esse estado, embora seja semelhante às outras quanto à própria condição da morte, é, todavia, muito diferente quanto à causa e o modo; porque se os outros morrem em conseqüência de enfermidade ou velhice, esses de que tratamos aqui, morrendo efetivamente de doença ou em idade avançada, não é isso, todavia, que lhes tira a vida, e sim algum ímpeto e encontro de amor muito mais subido que os antecedentes, e bem mais poderoso e eficaz, pois consegue romper a tela, e arrebatar a alma. Assim, a morte de semelhantes almas é suavíssima e dulcíssima, muito mais do que lhes foi a vida espiritual inteira; morrem com os mais subidos ímpetos e deliciosos encontros de amor, assemelhando-se ao cisne que canta mais suavemente quando vai morrer. Daí vem a palavra de Davi: 'Preciosa é diante do Senhor a morte dos seus santos'"(Sl 115,15).

"Mitigastes para nós o terror da morte, Senhor! Fizestes do fim de nossa vida o princípio da verdadeira vida. Por um pouco de tempo quereis que descanse nosso corpo; só por um pouco de tempo. Depois o ressuscitareis ao som da trombeta final. (...).

Aos medrosos destes o sinal da cruz para vencer o adversário e assegurar-nos a vida, ó Deus eterno. (...).

Esqueci meus pecados. Se pela fragilidade de minha natureza pequei por pensamentos, palavras e obras, perdoai-me, pois tendes poder de absolver os pecados na terra. Ao me despir da veste da carne, esteja minha alma sem culpa. Mais ainda: dignai-vos receber em vossas mãos a minha alma sem culpa e sem mancha, como holocausto agradável."

Sta. Macrina — *Das orações dos primeiros cristaos*

PARE E REZE!

"NADA TE PERTURBE"

A máxima de Santa Teresa parece nos indicar a primeira atitude a ser tomada para sermos invadidos por Deus, para sentirmos Deus como o *MEU* Deus, para *EU* poder falar com este *MEU* Deus.

Nada te perturbe!

É necessário não se deixar perturbar pelos acontecimentos do dia-a-dia. É necessário não permitir que o barulho e o afã do cotidiano desencadeiem em nós uma luta que ameace a paz. Esta paz é fruto de serena e perseverante ascese e procede de Deus.

A famosa oração de Santa Teresa não é fruto do imediato, mas o resultado de um longo caminho. Para contemplar a beleza do sol que ilumina o alto da montanha é preciso sair das espessas neblinas que se encontram na planície e subir, subir... subir sempre mais, sem nunca parar... com passos lentos... por um caminho fatigoso... até o alto da montanha.

Nós temos medo do esforço. A nossa civilização nos acostumou a gozar com facilidade. Embora não passe de uma imagem falsa, a idéia do triunfo fácil, cômodo, prazeiroso permeia nossa mentalidade. Mas não se pode colher sem antes ter semeado; e conforme a semente será o fruto.

Também não somos pacientes; desaprendemos esperar, dar tempo ao tempo. Queremos tudo "a tempo e hora", o prático, o útil para o momento, os resultados sem demora. Mas há tempo para semear e tempo para ceifar e colher. A semente não germina de um dia para outro. É preciso passar o inverno; é preciso que a rola cante, antes de olhar a semeadura.

A vida de oração é assim. Feita de constância, de paciência, de esforço. Tecida dia após dia, hora após hora, na fidelidade a todo apelo da graça à alma. A vida de oração é a vida do agricultor que com paciência olha, vigia e zela pelo terreno onde lançou sua semente, esperando o dia em que os frutos aparecerão.

Nada te perturbe.
Nada te espante.
Tudo passa.
A paciência tudo alcança.
Quem a Deus tem,
Nada lhe falta.
Só Deus não muda
E só Deus basta.

Máximas de Sta. Teresa de Jesus

PARE E REZE!

O NADA

Nós temos medo do nada. Apavora-nos pensar no nada porque, para nós, o nada significa morte, é caminho rumo à inexistência. Somos educados na forma selvagem do possuir, aprendendo a segurar com todas as forças o pouco que temos. Achamos difícil repartir. Temos medo de que, repartindo, as coisas venham a faltar para nós. O nosso desejo e a nossa lei é acumular tudo, aumentar as posses.

Pode parecer bobagem o que vou dizer agora, mas são exemplos simples e bem concretos do nosso procedimento humano, marcado pela ordem violenta do tudo guardar e do tudo possuir para si.

Todos sabemos que não é possível calçar dois pares de sapatos ao mesmo tempo, mas quantos pares de sapatos temos? Aquilo que ultrapassa o estrito necessário é supérfluo, inútil.

A experiência nos ensina que não é possível usar toda a roupa que possuímos, mas o nosso guarda-roupa está sempre repleto. Não nos é fácil repartir, dar. Há peças de roupa que faz anos não saem da gaveta, mas por um apego estúpido e uma frágil afetividade, delas não nos libertamos.

É só parar um breve momento e examinar com certa objetividade para nos convencermos do grande amor que nutrimos pelo supérfluo. É um grande amor que existe em nós.

O medo do nada somente é superado pela certeza do Amor, que silenciosamente vai abrindo caminhos novos no coração.

Só se pode entender a realidade do "nada x tudo" na perspectiva do amor absoluto. Quem acredita no Senhor é capaz de se despojar de tudo; é capaz de vender tudo para comprar a pérola preciosa: "Onde puseres o teu coração, aí estará o teu tesouro".

O fixar o nosso coração e pensamento, mesmo no barulho da rua, mesmo sendo contra todas as pseudonormas do mundo, mesmo sendo tachado de "louco" pela sociedade, é necessidade do amor.

Neste momento escrevo viajando de avião. Vou participar de um encontro de espiritualidade em Dublin. Todos estão conversando. Há barulho, confusão, mas nem por isso deixei de encontrar-me com Deus.

Depois de ter invocado o Espírito Santo, encontrei-me sozinho, como num deserto. Nada impediu a minha concentração e a minha oração.

A oração pessoal, mais que lugar e ambiente, é o encontro com Alguém que nos ama, em qualquer situação em que a vida nos coloca. É vida, amor, entrega de si mesmo, sem reserva a quem nos dá sempre prova de seu amor. Não é possível duvidar do amor de Deus. Mesmo na aridez, mesmo na noite, sempre podemos cantar o cântico da fé silenciosa e sofrida. Sempre é possível dizer, mesmo entre as lágrimas: "Eu te amo, meu Deus".

Sempre teremos a força para superar o grito do humano com a adoração da fé.

"Elevemos nossos corações a esse bem, permaneçamos e vivamos unidos a ele, que supera tudo quanto possamos pensar ou imaginar; reside numa perpétua paz e tranqüilidade e essa paz ultrapassa toda a compreensão e todo sentimento. (...) Fujamos daqui. Podes fugir em espírito, embora estejas retido pelo corpo, e podes permanecer aqui e estar ao mesmo tempo junto do Senhor, se teu coração está unido a ele, se teus pensamentos estão fixos nele, se segues seus caminhos, guiado pela fé e não pela visão, se te refugias junto dele, que é refúgio e fortaleza, como disse Davi: 'Em vós, Senhor, me refugio, não seja confundido!' (...)

Fujamos como os cervos para as fontes das águas; que a nossa alma sinta a mesma sede de Davi. Qual é esta fonte? Escuta o que ele diz: 'Em ti está a fonte da vida'. Diga minha alma a esta fonte: 'Quando irei contemplar a face de Deus?'"

Santo Ambrósio, *Sobre a fuga do mundo*

PARE E REZE!

AMAR E SER AMADO

Sem dúvida necessitamos amar, transbordar nos outros o afeto e o carinho que correm o risco de ficar represados em nós. Toda água estagnada não é potável; apodrece e causa doença. Somente a água corrente e limpa dá a vida e, por onde passa, fecunda a terra. O Salmo Primeiro é o cântico da fecundidade da vida.

Feliz aquele homem que não anda
conforme os conselhos do perverso;
que não entra no caminho dos malvados,
nem junto aos zombadores vai sentar-se;
mas encontra o seu prazer na lei de Deus
e a medita, dia e noite, sem cessar.
Eis que ele é semelhante a uma árvore
que à beira da torrente está plantada;
ela sempre dá seus frutos a seu tempo,
e jamais as suas folhas vão murchar (Sl 1).

A árvore plantada à beira da água não murcha; está sempre verde e produz fruto abundante no tempo oportuno. A água é elemento fundamental na Bíblia. O próprio Jesus se identifica com a água.

"... quem beber da água que eu lhe der jamais terá sede. A água que eu lhe der será nele uma fonte que jorra para a vida eterna" (Jo 4,14).

Não vamos nos deter no tema da água. Teremos possibilidade de a ele voltar quando falarmos da oração teresiana mais adiante. Agora pensemos naquilo que se convencionou chamar "sede do Amor de Deus".

Ela nasce quando se sabe que Alguém nos acolhe como somos e nos dá, generosamente, espaço para nos revelarmos e doarmo-nos sem reserva. Ao mesmo tempo, o amor que se doa não fica só no Outro, mas, filtrado no coração, volta-se para nós, com nova energia.

Sinto necessidade de amar, de dar-me, quem sabe de verter-me, com certa insistência, nem sempre compreendida. O amor, ao mesmo tempo é impotente, não tem valor, e é extremamente respeitoso. É uma proposta insistente, incansável, mas nunca obriga. Nunca oprime. Quem ama é capaz de aceitar o não ser re-amado. É o caminho solitário na vida de qualquer ser humano.

A oração pessoal é este intercâmbio de amor, de amizade. É contemplar a liberdade humana que sabe dizer "NÃO" à proposta de Deus. É saber aceitar que, num gesto de amor não compreendido por nossas mentes, Deus parece não aceitar a nossa proposta oracional. É aceitar que Deus não atende aos nossos pedidos, dando-nos um sinal de seu amor.

O silêncio de Deus sempre nos desconcerta e nos faz sentir extremamente pobres e impotentes.

Podemos correr o risco de empobrecer o conceito de amar e ser amado, devido ao seu uso constante e banal. Não temos outro termo. É a pobreza da linguagem, expressão meramente humana, que não consegue transmitir toda a riqueza divina deste inter-relacionamento.

Embora corramos este risco da linguagem, não podemos nos cansar de repetir com a palavra de Deus: "Dou-vos um novo mandamento: amai-vos uns aos outros como eu vos amei" ou, então, dizer com os místicos: "O amor não cansa nem se cansa" (São João da Cruz), "Só o amor dá valor a todas as coisas" (Santa Teresa de Jesus).

A propaganda do amor não pode parar, é preciso retomá-la sempre mais insistentemente. É necessário moldar os sentidos e o coração humano com a consciência nova do amar e ser amado.

"Encontrara, enfim, tranqüilidade... Tomando em consideração o corpo místico da Igreja, não me identificava com nenhum dos membros descritos por São Paulo; por outra, queria identificar-me com todos eles. A caridade deu-me a chave de minha vocação. Compreendi que, se a Igreja tinha corpo composto de vários membros, não lhe faltava o mais necessário, o mais nobre de todos. Compreendi que a Igreja tinha coração e que o coração era ardente de amor. Compreendi que só o amor fazia os membros da Igreja atuarem e que, se o amor se extinguisse, os Apóstolos já não mais anunciariam o Evangelho e os mártires se recusariam a derramar o seu sangue... Compreendi que o amor abrange todas as vocações, alcançando todos os tempos e todos os lugares... Numa palavra, é eterno...

Então, no transporte de minha alegria, pus-me a exclamar: Ó Jesus, meu amor, minha vocação, encontrei-a afinal: minha vocação é o Amor!...

Sim, atinei com meu lugar na Igreja, e tal lugar, ó meu Deus, fostes vós que mo destes... No coração da Igreja, minha mãe, eu serei o amor... Assim, serei tudo... Assim, se realizará meu sonho!!!..."

Santa Teresinha, Man. B — 3v

PARE E REZE!

ESTAR A SÓS

Jesus não nos oferece nenhuma definição de oração. Ele é o orante, o contemplativo do Pai, mergulhado no amor. Não se preocupa com o explicar. É o seu testemunho que nos revela o conteúdo, o que é a oração em sua vida. O seu agir é para nós guia de nossa caminhada na vida espiritual. O caminho oracional de Jesus reúne os elementos constitutivos da oração. Parece-me que Santa Teresa na sua célebre definição sobre a oração conseguiu sintetizar os elementos bíblicos da oração pessoal.

"A oração não é outra coisa senão tratar intimamente com Aquele que sabemos que nos ama e estar muitas vezes conversando a sós com Ele" (*Vida* 8,5).

Santa Teresa deixou para as suas monjas e também para todos aqueles que procuram a Deus um programa de vida; de vida que é vida de oração: "Habituar-se à solidão é grande coisa para a oração e, sendo esta o fundamento desta casa, é necessário por todos os meios afeiçoarmo-nos ao que mais a favorece" (*Caminho de Perfeição* 4,9).

É a primazia de Deus que vai lentamente penetrando na vida de quem o busca, tornando-se o único ponto referencial, a única razão de ser. Diria o salmista: "O vosso amor vale mais do que a vida" (Salmo 62).

Não é fácil compreender o amor apaixonado de alguém por Deus, amor infinito, amor Absoluto. É preciso que cada um decida lançar-se nesta maravilhosa aventura, não se deixando amedrontar por nada.

"Importa muito, e acima de tudo, uma grande determinação de não parar até chegar à fonte de água viva, venha o que vier, suceda o que suceder, custe o que custar, murmure quem murmurar, quer chegue ao fim ou morra no caminho, ou falte coragem para os sofrimentos que nele se encontram. Ainda que o mundo venha abaixo havemos de prosseguir" (*Caminho de Perfeição* 21,2).

Os autores espirituais, em seus escritos sobre a leitura espiritual, recomendam que ela deve ser atenta, lenta, amorosa.

Somente deixando a palavra penetrar em nós e, por nossa parte, esforçando-nos em romper a casca da palavra, saboreando todo o seu conteúdo, é possível entender e amar a leitura meditativa. Ela é sem dúvida a parte que nos introduz na oração.

"Procurai lendo e encontrareis meditando; chamai orando e abrir-vos-ão contemplando" (São João da Cruz, *Ditos* 156).

Desejamos nos entreter só com aqueles que comungam nosso modo de pensar, ninguém se entretém com alguém se não existe familiaridade, conhecimento. Mais profunda é a intimidade e mais urgente é a necessidade de se entreter. Ao longo de nossas vidas, vai aumentando o desejo de amizade com Deus. À medida que nos familiarizamos com ele, com sua palavra que é a manifestação de seu ser, a solidão, como animal feroz, tenta nos seduzir e nos torna cada vez mais silenciosos. É uma solidão ambígua: ausência que é presença.

Há momentos em que se sente o desejo quase incontrolável de se encontrar com alguém, de telefonar para alguém. É assim que se toma o costume de, no dia-a-dia, nada fazer sem aconselhar-se com Deus, aquele Alguém que sempre podemos encontrar e com quem sempre podemos falar e saciar a nossa vontade de nos entreter com alguém.

Na vida, o entreter-se com Deus na oração não é uma lei, é necessidade. Ele é Vida; trata-se, portanto, de um mergulho no coração infinito de amor. É uma experiência inexplicável. É uma força que obriga a parar para fixar os olhos em Deus e com eles aprender a contemplar-se, a ver-se no outro.

São João da Cruz explica isso em uma linguagem muito bonita, cheia de poesia. Agora, basta-nos um pequeno trecho deste texto:

"Olhando um para o outro, cada um veja no outro sua formosura, pois ambos têm a mesma formosura tua, estando eu já absorvido na formosura tua" (*Cântico Espiritual* 36,5).

Teresa, João da Cruz, todos os santos, mas particularmente os santos do Carmelo, são extremamente afetivos. É o amor que vai orientando e penetrando a vida. Precisamos recuperar a capacidade de esperar o momento presente para que a vida germine e produza o seu fruto.

Desejar Deus, busca-lo como Alguém que, embora invisível, está presente, não é uma fuga, é a necessidade do amor que leva à busca do Infinito.

"Procedamos de maneira que, por meio do referido exercício de amor, cheguemos a contemplar um ao outro, em tua formosura, ó Deus, na vida eterna. Peço-te, pois, que seja eu a tal ponto transformado em tua formosura, que, assemelhando-me a ela, possa ver-me contigo em tua própria formosura, tendo em mim mesma esta formosura que é tua. E, assim, olhando um para o outro, cada um veja no outro a sua formosura, pois ambos têm a mesma formosura tua, estando eu já absorvido em tua formosura. Deste modo, eu te verei, a ti, em tua formosura e tu me hás de ver a mim em tua formosura; eu me verei em ti na tua formosura e tu te verás em mim na tua formosura; aparecerá em mim apenas a tua formosura, e tu aparecerás também em tua própria formosura; então, a minha formosura será a tua, e a tua, minha. Eu chegarei a ser tu mesmo, em tua formosura, e tu chegarás a ser eu em tua mesma formosura, porque só a tua formosura será a minha, e assim nos veremos um ao outro em tua formosura."

São João da Cruz, *Cântico Espiritual* 36,5

PARE E REZE!

COM O SENHOR

Agora vou falar de uma experiência muito pessoal. Uma vez quis ter a satisfação de pesquisar o nome "Deus". Seria bastante cansativo fazê-lo hoje. É sem dúvida um caminho interessante, que adquire novas nuances através do tempo que marca a História da Salvação. Mas, em qualquer momento, percebe-se como o homem tem necessidade do transcendente.

Deus, jogado porta afora, entra pela janela. Se alguém fecha-lhe a janela, entra pela fresta que ninguém pode fechar.

Ele está à porta e bate. Vence o homem pelo cansaço: no dia-a-dia, chega o homem a um ponto em que se sente obrigado a abrir-lhe a porta. Os que conscientemente se fecham ao amor são uma minoria insignificante.

Pronunciar um nome é fazer presente alguém. No nome está viva a história de quem se invoca. O nome do Amado não se profana, nem se grita; pronuncia-se em um murmúrio, no âmago do coração. Chama-se docemente e sente-se o desejo de saboreá-lo; mantém-se escondido e ao mesmo tempo gostaríamos que todos o conhecessem. Os mecanismos do amor são desconhecidos e nos surpreendem constantemente.

Quem é o Senhor? Tantas vezes no silêncio da ação me ponho a indagar sobre isto. A resposta surge serena e pacífica: Deus é amor. E, ao redor do amor, permaneço silencioso, adorando sem nada dizer. O silêncio é a forma mais verdadeira e eloqüente da comunicação. As palavras começam a cansar porque não transmitem o que se pensa. O sofrimento, como o sol do deserto, amadurece, torna-nos secos, enxutos, avaros de palavras.

O conceito Amor, em toda a sua realidade, constantemente pinga como gota, destila em nossas consciências. É tudo de indizível e algo mais. É Deus; e Deus só para mim; é Deus como minha posse.

Não sei quem é Deus, mas este não saber não angustia a mim, nem algum outro orante que experimenta o conteúdo do Amor. Ao contrário, este não saber dá paz e amor, tranqüilidade interior. Não se sabe dizer o que é, mas conhece-se a sua realidade com tal intensidade que se torna impossível duvidar do Amor. Gostaria de poder definir tudo isso, seria definir o próprio Deus, mas sinto-me feliz em não poder fazê-lo. Amanhã, vou ter algo de novo para descobrir sobre Aquele que amo e que me ama.

"Efetivamente estamos onde temos fixos os olhos de nossa mente. Por isso disse Elias: 'Vive Deus, em cuja presença estou'. Ele estava onde havia fixado o coração. O que significa, pois, o povo que contempla a coluna de nuvem e está em adoração à porta da tenda? Significa que a mente humana, quando vê as coisas superiores e divinas — mesmo na obscuridade —, abandona o corpo por meio do pensamento elevado e adora humildemente a Deus; embora não lhe possa ver a essência, admira-lhe o poder através de uma iluminação do espírito. Por isso, é dito que Elias, ao ouvir a voz do Senhor que falava, estava diante da caverna, e tinha o rosto coberto, porque, ao compreender por meio da graça da contemplação uma comunicação do céu, já não se está, por assim dizer, na caverna, visto que a alma não se dedica mais às coisas terrenas, se está diante da porta, porque pensa em fugir das preocupações desta vida (...).

Portanto, irmãos caríssimos, nós que mediante a morte, ressurreição e ascensão de nosso Redentor já saboreamos as alegrias eternas suspiremos por esse Rei e, enquanto permanecemos na Santa Igreja, voltemos nosso olhar para a porta, afastemos a mente da corrupção desta vida terrena e inclinemos o coração para a liberdade da Pátria celeste. Mas são muitas as preocupações desta vida mortal que ainda nos oprimem. Já que não podemos abandonar a nossa caverna, mantenhamo-nos ao menos junto à porta, prontos para partir a qualquer momento, auxiliados pela graça de nosso Redentor, que vive e reina com o Pai na unidade do Espírito Santo, pelos séculos dos séculos. Amém.

Gregório Magno, *Homilia sobre Ezequiel*

PARE E REZE!

NÃO AMAMOS, SOMOS AMADOS

Quando era mais novo, "mais sabido", e quem sabe menos sábio, tinha comigo uma convicção: nós amamos a Deus. O orgulho do homem é sentir-se capaz de amar, ser ele o sujeito do amor. A alegria dos santos é ser objeto do amor de Deus, assumindo um atitude de criança, de pobre. É a terra que se deixa molhar pela água, entregando-se sem resistência. Santa Teresa, com a sua perspicácia, nos faz compreender o mistério do deixar-se amar pelo Senhor.

Para ela, a nossa alma é um jardim. Nós temos várias maneiras para regá-lo.

Vamos, com Santa Teresa, fazer nossa pausa, melhor, nossas pausas, pois agora, mais que uma...

***

Aparentemente, a maneira mais simples de ter água é tirá-la do poço, mas na verdade é a mais dura e cansativa: é preciso força para trazer à superfície o balde cheio de água. Os que começam a rezar são os que tiram a água do poço: trabalho muito cansativo, devem lutar bastante para conseguir ficar recolhidos, pois, acostumados a se distrair, cansam com facilidade. É necessário que bem devagar se acostumem a não dar importância sem querer ver ou ouvir nada, particularmente durante o tempo da oração. Procurem um lugar solitário para recolher-se e pensar na vida passada. Devem meditar muito a vida de Jesus.

Isto é começar a tirar água do poço, e Deus queira que a encontrem. De nossa parte, procuremos tirar água e fazer o possível para regar o jardim. Deus pode permitir, por motivos que só Ele conhece, e pelo nosso bem, que o poço esteja seco; mas Ele é tão bom que, se fizermos o nosso dever de solícitos jardineiros, manterá as flores também sem água e fará crescer as virtudes.

A alma, quando se encontra esmagada por angústias, distrações e pensamentos inoportunos, não deve se preocupar, desanimar.

Se queres possuir a liberdade de espírito e não estar sempre angustiado, começa a não ter medo da cruz, pois o Senhor te ajudará a carregá-la e assim caminharás com alegria e proveito.

É claro que se o poço não tiver água nós não podemos colocá-la, mas quando a tem não podemos deixar de tirá-la: é assim que o Senhor multiplica em nós as virtudes (Santa Teresa de Jesus, *Vida*).

PARE E REZE!

Já se disse do trabalho com que se rega o jardim à força de braços, tirando água do poço. Diremos agora o segundo modo de extrair, o qual o Senhor do jardim ordenou para que, com indústria, por meio de um torno ou alcatruzes, o jardineiro consiga tirá-la em maior quantidade, com menos esforço, e possa descansar sem estar continuamente trabalhando. Agora quero explicar este modo de regar aplicado à oração e que chamam quietude.

A alma começa aqui a recolher-se e já atinge o sobrenatural, o qual, por si mesma, de maneira alguma pode atingir, por mais diligência que faça. Verdade é que parece ter-se cansado algum tempo em manejar o torno e encher os alcatruzes, trabalhando com o intelecto. A água porém já sobe mais, e assim se trabalha menos do que tirando a água com baldes.

Digo que a água está mais perto, porque a graça se dá mais claramente a conhecer à alma. (...)

Tudo o que aqui se passa é com grande consolo e com tão pouco trabalho, que a oração não cansa, ainda que dure longo tempo. O intelecto age com muita suavidade e tira muito mais água do que apanhava no poço. Esta água de grandes bens e graças, que o Senhor dá aqui, faz crescer as virtudes incomparavelmente mais que no estado precedente. A alma já se vai elevando acima de sua miséria e recebendo alguma notícia das delícias da Glória. Este conhecimento a faz progredir mais rapidamente e também a aproxima mais da verdadeira virtude, de onde todas as virtudes procedem, que é Deus. Sua Majestade começa a dar-se a esta alma, e quer que sinta de que modo se lhe comunica (SANTA TERESA DE JESUS, *Vida*).

PARE E REZE!

A terceira maneira de regar um jardim é com a água corrente de um rio ou de uma nascente. Aqui o trabalho é muito reduzido: É só desviar o curso do rio. O Senhor ajuda tanto o jardineiro que até parece substituí-lo, ou que queira fazer tudo sozinho. Os nossos sentidos quase adormecem. Os prazeres, as suavidades, as delícias que se experimentam são incomparavelmente maiores que as do passado. Aqui a água da graça divina chega até a garganta. A alma não pode nem sabe como ir em frente ou voltar atrás, só desejando esta grandíssima alegria. É como se estivesse em agonia. É um morrer às coisas do mundo, um exultar no Senhor. A alma não sabe o que fazer: falar ou calar, chorar ou rir. É uma gloriosa embriaguez, uma força deliciosíssima de alegria, uma celestial loucura na qual aprende-se a verdadeira sabedoria. Abandonar-se completamente nos braços de Deus. E que maravilha para a alma é ver Deus fazer a vez do jardineiro, libertá-lo de todo o trabalho, deixando respirar em paz o perfume das flores. O jardineiro é o mesmo Criador da água que pode fazer jorrar à vontade, fazendo num só instante o que a pobre alma não conseguiria em vinte anos de trabalho extenuante da inteligência. Ele faz crescer e amadurecer os frutos, e os dá à alma para que ela se alimente. Assim Deus quer (SANTA TERESA DE JESUS, *Vida).*

PARE E REZE!

A quarta água é a que cai do céu para regar o jardim e impregná-lo com sua abundância. Se o Senhor a enviasse todas as vezes que fosse necessário regar, é claro que o jardineiro ficaria felicíssimo. Se não existisse o inverno e fosse uma perene primavera, flores e frutos nunca faltariam, e isto com grande alegria do jardineiro. Mas visto que tal é impossível enquanto estamos aqui na terra, devemos procurar; faltando uma água, devemos recorrer à outra. A chuva muitas vezes cai quando menos se espera. No começo vem quase sempre depois de uma oração muito prolongada: de vez em quando o Senhor toma o passarinho, coloca-o no ninho para que possa repousar. Se o coração foi arado profundamente com provações, calúnias e doenças, coisas indispensáveis para chegar a esta oração, a água penetra a fundo e não pode mais secar. Se o jardineiro descuida e Deus não faz chover, o jardim se torna mato puro (Santa Teresa de Jesus, *Vida*).

PARE E REZE!

NAS MÃOS DE DEUS

Sentir-se invadido por este doce amor do Pai e dar-lhe a liberdade de agir em nós. O nosso agir é deixá-lo agir *como, quando, onde* Ele quiser.

Todo SIM é ruptura do nosso humano. O abandono amoroso, silencioso, não se adquire de um dia para outro. É fé, entrega, exercício de cada dia.

Parece-me que a imagem do Salmo 130 pode nos ajudar a entender todo o caminho ascético de alguém que, provado, experimentado na vida, tendo atingido a meta pode olhar com tranqüilidade para trás e para a frente e não desejar mais nada.

A tranqüilidade inteira não é fruto de psicofármacos, de ioga, de mentalizações, mas é dom e conquista ao mesmo tempo; graça e luta que se trava no mais profundo do nosso ser.

É a credibilidade no amor de Deus que nos ama independentemente do nosso pecado. Ama-nos com puro amor; ama-nos porque é incapaz de não amar. A sinceridade do salmista, homem amadurecido e sereno, quase nos escandaliza.

"A humildade" — recorda-nos Santa Teresa — "é a verdade."

Ser honestos é reconhecer o que somos e o que temos feito e o que ainda nos resta fazer...

O Salmo, marcado por quatro "não", faz-nos lembrar o "nada" de São João da Cruz; o duro e grotesco caminho da perfeição, a morte que leva à vida.

Vamos recitar juntos o Salmo?

> Senhor, meu coração não é orgulhoso,
> nem se eleva arrogante o meu olhar;
> não ando à procura de grandezas,
> nem tenho pretensões ambiciosas!
> Fiz calar e sossegar a minha alma;
> ela está em grande paz dentro de mim,
> como a criança bem tranqüila, amamentada
> no regaço acolhedor de sua mãe.
> Confia no Senhor, ó Israel,
> desde agora e por toda a eternidade" (Salmo 130).

PARE E REZE!

Senhor, meu coração não é orgulhoso

Quem de nós pode se sentir livre do cupim da ambição que silenciosamente nos rói por dentro? A luta pela fama no palco da história, na comunidade da Igreja, no local do trabalho...

O agir só por amor ao Senhor e aos irmãos é um ideal tão longe de nossa realidade cotidiana! Em nosso subconsciente, há sempre um mecanismo que nos leva a agir por outras intenções, nem sempre identificáveis. A ambição anda solta nas várias camadas de nossa vida. No entanto, podemos perceber que há momentos em que agimos por pura gratuidade, amor, doação. Somos, por um breve momento, vitoriosos sobre a ambição.

É no coração que o bem e o mal são silenciosamente gerados. É no âmago de nosso ser que jogamos a partida da vida; é no desconhecido que os sentimentos são forjados e se fazem vida.

Às vezes, temos medo de nossos sentimentos; escondemos ou negamos a nós mesmos aquilo que é evidente. A maioria de nós diz "Sim" quando quer dizer "Não"; e diz "Não" quando quer dizer "Sim".

Os sentimentos, as paixões, as reações do ser devem ser olhadas, enfrentadas, pedindo ao Senhor a coragem de não se deixar dominar. Conviver com a ambição e não se deixar dominar por ela...

Nem se eleva arrogante o meu olhar

A arrogância não fere, mata. É triste experimentar a arrogância de alguém que não lhe permite expressar-se, que não lhe cede espaço.

O arrogante é o dono da verdade. Tem um único ideal; derrota e humilha o outro.

Prepotência e arrogância são comuns no orgulhoso. Vivem dentro de nós; é a "fina" e amarga alegria de ver o outro derrotado. É o sarcasmo sutil que esmaga, é o caminho do sadismo e da ironia que tudo ataca e destrói.

Na santidade não há lugar para a arrogância, para a ironia. Tudo é amor. É ternura que se desdobra pela felicidade do outro. É o esconder-se como fermento no coração da vida, desejando que apareça a beleza e o sabor do pão, mas não o fermento nem o sal.

Quem na vida foi provado pela dor e pelo sofrimento e experimentou o peso da cruz de sua própria fragilidade não tem desejo, nem consegue ser arrogante.

É na humildade e na mansidão que se constrói a vida nova. A arrogância manipula a verdade e a torna dura e escravizadora. Na ternura está o caminho do homem novo, que está sendo gerado dentro de nós. Será uma criatura humilde, terna, que vencerá o ódio pelo caminho do amor e da paz.

Não ando à procura de grandezas

O coração contaminado pelo desejo da grandeza nos faz correr atrás de ideais não raramente maiores do que nós, superiores à nossa capacidade e força. Passamos muito tempo chorando o passado ou sonhando com o futuro. Passamos pouco tempo empenhados em viver o momento presente como sacramento do amor. Como Kairós, onde se realiza e se vive a nossa salvação.

Quem decide subir a montanha e chegar até o cume não se preocupa em carregar muitas coisas, pois tem um único ideal: alcançar a meta. Quem toma a resolução firme de atravessar o deserto não leva consigo coisas inúteis, só quer chegar ao outro lado.

As grandezas são idolatria que na vida brilha e seduz. Vivemos de ganho e de grandezas, conscientes ou não daquilo que necessitamos realmente para sair de nossa mediocridade.

O próprio dinamismo da vida nos faz subir bem alto, gritar, caminhar sem dar importância às feridas mais sangrentas dos pés descalços.

Não fomos criados para permanecermos na mediocridade. Temos olhos de águia, embora nem sempre tenhamos asas para voar.

Sair da pobreza para a riqueza;
da ignorância para a cultura;
do pecado para a graça;
do desamor para o amor;
Sair da escravidão para a liberdade;
da vida dura para o conforto;
do trabalho mal remunerado para um melhor salário;
da guerra para a paz;
da inflação para a estabilidade;
da doença para a saúde.

O salmista fala das riquezas passageiras, efêmeras, que não possuem a força do amor.

A grandeza egoística que esmaga e faz do outro um degrau para subir, escravizando e oprimindo, não é a grandeza do amor e do serviço, do dom total de si mesmo para que o outro seja feliz no seu ser e existir.

Nem tenho pretensões ambiciosas

No encontro pessoal com o Senhor a única maravilha é descobrir o que ele opera em nós.

A maravilha do Magnificat revela toda a força contemplativa de Maria, que, no silêncio da humildade e da adoração, sente viva a presença de Deus.

Estamos acostumados a rezar sempre com muita pressa o Cântico de Maria e corremos o risco de não saboreá-lo em toda a sua profundidade.

É o hino que, nascido no coração cheio de fé e de gratidão, nos introduz na ruminação da Palavra de Deus. Ruminar a Palavra não é outra coisa que o lento mastigar, saborear e assimilar do mistério de Amor.

Não sou exegeta, mas tenho comigo a convicção de que Maria cantou o seu Magnificat ao entardecer dos dias cansativos da viagem de Belém até Ainkarin.

O Magnificat é a oração do pôr-do-sol de quem, olhando os reflexos da luz que vai dando os últimos retoques de vida ao horizonte, sente borbulhar no íntimo palavras de ação de graças, de maravilhas, de potências divinas, de...

> "A minha alma engrandece o Senhor
> e exulta o meu espírito em Deus, meu Salvador;
> porque olhou para a humildade de sua serva,
> doravante as gerações hão de chamar-me de bendita.
> O poderoso fez em mim maravilhas,
> e Santo é o seu nome.
> Seu amor para sempre se estende
> sobre aqueles que o temem;
> manifesta o poder de seu braço,
> dispersa os soberbos;
> derruba os poderosos de seu trono
> e eleva os humildes;
> sacia de bens os famintos,
> despede os ricos sem nada.

Acolhe Israel, seu servidor,
fiel ao seu amor,
como havia prometido a nossos pais,
em favor de Abraão e de seus filhos para sempre."

Não busco maravilhas humanas. Quem encontra o Senhor e o aceita na própria vida não tem mais necessidade de revestir-se de exterioridades e aparências. Não busca nem preocupações, nem coisas da terra; é consciente daquilo que é e daquilo que deve ser.

A vida é uma constante maravilha. Os nossos olhos, o nosso coração se encontram, a cada momento, com as "Magnalia Dei". As maravilhas de Deus são as belezas da santidade, a arte da vida em que nada é corrompido no seu nascer; mas tudo é puro e santo. Se o teu olho for puro, todo o teu corpo será puro e transparente, nos diz a Escritura. Depende do coração, dos sentimentos que nele habitam.

Não buscar maravilhas, coisas maiores do que nós, mas nós mesmos sermos a Maravilha do Senhor; saber-se maravilha diante da História que se abre à nossa frente é reconhecer o poder Infinito de Deus sobre nós.

O salmista, o contemplativo, o místico, depois de ter superado a sua situação de pecado, sentem-se livres para levantar o vôo da paz e da liberdade.

PARE E REZE!

NESCIVI

Tudo é simples, transparente no seu surgir e no seu primeiro encontro com o homem. As manifestações, as fórmulas químicas, as combinações genéticas, tudo isso não é feito pela natureza. É o homem quem as inventa. Toda explicação confunde, complica.

É necessário voltar ao essencial, ao único absoluto: Deus. Isso exige o pleno despojamento de si, o esquecimento amoroso de tudo o que não é Deus. Não permitir que as outras criaturas assumam o papel de Criador. Destruir no nosso templo interior todo ídolo, todo apego, para tentar alçar o vôo da liberdade, cada vez mais necessário e difícil.

Muitas são as coisas pequenas e grandes que não nos permitem sermos livres, entrando e saindo de nós quando e como nos parece necessário.

São João da Cruz, com sua fina e clara intuição mística e com sua experiência humana e espiritual da conquista da liberdade nos surpreende com suas palavras:

"Pouco importa o pássaro estar amarrado por um laço grosso ou fino, desde que não se liberte; tão preso estará por um como por outro. Verdade é que quanto mais tênue for o fio, mais fácil será de se partir. Mas, por frágil que seja, o pássaro estará sempre retido por ele enquanto não o quebrar para alçar vôo" (*1 Subida* 11,4).

O não saber — melhor, o não querer saber — abre-nos a porta para louvar a Sabedoria e a Ciência que não se aprende nos livros, mas na silenciosa e amorosa escuta de Deus.

A Sabedoria é como a água pura e cristalina que brota silenciosamente na nascente. Para contemplar a nascente que é Cristo é necessário limpar, arrancar tudo o que é sujeira, remover as pedras. Cavando sempre mais, irá aparecer o primeiro veio de água.

A sabedoria é um dom do Espírito Santo que nos permite experimentar como é suave O Senhor. O encontro com a Palavra, o Verbo Filho de Deus, nasce da "lectio", nasce da leitura dos textos inspirados que nos revelam a essência divina.

A leitura da Palavra inspirada comunica o gosto, o sabor que ultrapassa todo sabor, pois é a substância de Deus manifestada em maneiras humanas de expressão.

A própria escritura nos diz pela boca de quem dela degusta: "Encontrei tua palavra e a devorei. Tornou-se para o meu paladar mais doce do que o mel".

Não querer saber nem quando, nem como, nem o porquê é simplesmente confiar.

Lancemo-nos como crianças nos braços de Deus... Não busquemos saber das coisas. Digamos, amigo, NESCIVI.

"Nescivi". Nada mais sei. Eis o que canta a esposa dos Cânticos, depois de ter sido introduzida no aposento interior. Parece-me que este deve ser também o refrão de um ser que almeja manifestar um louvor de glória a Deus. Neste primeiro dia de retiro o Mestre me faz penetrar no fundo do abismo insondável, para ensinar-me a exercer o ofício que me caberá na eternidade e no qual já devo exercitar-me no tempo, que é a eternidade começada, mas sempre em crescimento.

"Nescivi". Nada mais sei. Não quero saber de mais nada, a não ser conhecê-lo, comungar em seus sofrimentos, conformar-me com a sua morte. "Aqueles que em sua presciência Deus conheceu, também os predestinou para serem conformes à imagem de seu Filho", o Crucificado por amor. Quando estiver totalmente identificada com este exemplar divino, estando eu totalmente nele e Ele totalmente em mim, então realizarei a minha vocação eterna, aquela para a qual Deus me escolheu nele "in principio", a que continuarei "in aeternum", isto é, eternamente, quando, mergulhada no seio da minha Santíssima Trindade, serei o incessante "louvor de glória", LAUDEM GLORIAE EJUS.

Elisabeth da Trindade, *Último retiro de Laudem gloriae*

PARE E REZE!

MEU PAI SEGURA O LEME

Há uma pequena história que nos revela a plena e total confiança. É na certeza de que seremos vitoriosos, embora não conheçamos a modalidade dos acontecimentos, que reside o segredo da própria vitória.

Um navio cheio de passageiros estava em alto-mar. Navegava pacífico, tudo em festa; parecia que não podia existir nada de mais belo e agradável.

Durante a noite, levantou-se uma forte tempestade, muito vento... o tempo mudou. As ondas tornavam-se cada vez mais perigosas e violentas. O capitão convoca a todos para vestir o salva-vidas e se lançar ao mar para se salvarem da morte.

O que aconteceu no navio não é fácil descrever. Foi um corre-corre, um empurra-empurra; nada mais terrível e desorganizado. MEDO! No entanto, havia alguém, em meio a tudo isso, sereno e tranqüilo, no porão do navio, que continuava se entretendo com o seu carrinho de brinquedo.

Um dos passageiros chegou, olhou a criança e, com um tom de voz ameaçador, disse:

— Corre, menino! O navio está afundando! Você não tem medo?

A pequena criança, levantando o seu olhar e detendo-se um pouco, respondeu com calma:

— Não tenho medo.

O passageiro, assustado, precisou satisfazer a sua curiosidade:

— Como você não tem medo se todos correm e querem e tentam se salvar? Por que você não tem medo?

A criança, com os olhos brilhando de alegria e de esperança, respondeu;

— Meu pai tem o leme. Ele guia o navio. Ele sabe o que faz.

É apenas uma história, mas atrás das palavras esconde-se uma mensagem que cada um de nós deve ler. Não é difícil.

O navio é a vida. Parece que está sempre afundando. Só os que confiam em Deus podem continuar a viver tranqüilos, certos de que nada de trágico vai acontecer. Eles entregam tudo na mão de Deus, sabendo que Ele sabe o que faz. Caminham na luta pelo lento e doloroso despojamento de todo pecado. Não ter medo: eis o segredo!

Todo o medo bloqueia e nos faz viver apreensivos pelo dia de amanhã. Todo desconhecido apavora e questiona. Só a certeza de que alguém nos espera comunica alegria. Saber-se esperado é fonte de esperança e de paz.

A esperança é a vivacidade que dá sentido a todo o nosso agir. Nada tem sentido sem a esperança, que é alicerce da fé e da caridade.

São João da Cruz é também o doutor da esperança que sabe, superando o conflito da história, cantar o hino da fé e da caridade operosa no escuro.

"A alma, tocada pelo amor do Esposo Cristo, pretendendo cair-lhe em graça e conquistar-lhe a vontade, sai agora com aquele disfarce que mais ao vivo exprime as afeições de seu espírito, e com o qual vai mais a coberto dos adversários e inimigos, a saber, mundo, demônio e carne. Assim, a libré que veste se compõe de três cores principais: branca, verde e vermelha. Nestas cores são significadas as três virtudes teologais, fé, esperança e caridade, com as quais não só ganhará a graça e a vontade de seu Amado, mas irá, além disso, muito amparada e segura quanto aos seus inimigos. A fé é uma túnica interior de tão excelsa brancura que ofusca a vista de todo entendimento. Quando a alma caminha vestida de fé, o demônio não a vê nem atina em prejudicá-la, porque com a fé, muito mais do que com todas as outras virtudes, vai bem amparada contra o demônio, que é o mais forte e astuto inimigo.

Logo acima desta túnica branca da fé, sobrepõe a alma uma segunda veste que é uma almilha verde. Por esta cor é significada a virtude da esperança, como já dissemos acima. Por meio dela, em primeiro lugar, a alma se liberta e se defende do segundo inimigo que é o mundo.

Em cima do branco e verde, para remate e perfeição do disfarce, traz agora a alma a terceira cor, que é uma primorosa toga vermelha, significando a terceira virtude, a caridade.

Se a alma não caminha verdadeiramente vestida com o traje destas três virtudes, é impossível chegar à perfeita união com Deus por amor" (São João da Cruz, *II Noite Escura* 21,3ss.).

Não há dúvida. O caminho rumo à morte mística, ao nada, ao silêncio, ao não-ser, apavora. Mas tudo é superado na esperança, na fé, na intensidade da caridade.

Com a certeza de que o desgaste na vida é inevitável, não nos resta outra alternativa senão vivê-lo no amor. Nesta intensidade vivencial sente-se a necessidade de criar relacionamentos interpessoais com Deus, de tender à liberdade do espírito, livre de todo juízo e moralismo, preocupados apenas em amar.

O texto bíblico que mais pode nos ajudar a compreender a luta para ser livre é Romanos 14. Quero transcrevê-lo por completo. Paulo é o apóstolo da liberdade. Em sua carne, em sua inteligência, em seu coração sofreu terrivelmente a escravidão da lei. Só o encontro com Cristo tornou-o plenamente livre. Só na tolerância-amor é possível descobrir o caminho da liberdade. O sentir-se livre é o desejo mais íntimo e inalienável da pessoa. É caminho, ideal a ser alcançado. Provavelmente jamais experimentaremos a liberdade completa. Quem sabe, nunca conseguiremos entendê-la totalmente. O que importa é crer na liberdade, buscá-la e tentar vivê-la. Livre é quem deixa ao outro a possibilidade de ser livre e busca uma liberdade ainda maior.

* * *

Acolhei o fraco na fé com bondade, sem discutir-lhe as opiniões. Um crê poder comer de tudo. Outro, que é fraco, só come legumes. Quem come de tudo não despreze quem não come. Quem não come não julgue aquele que come, porque Deus o acolhe do mesmo modo. Quem és tu para julgares o servo alheio? É para seu amo que cai ou fica em pé. Mas ele ficará em pé, pois poderoso é o Senhor para sustentá-lo. Um distingue um dia do outro, enquanto outro considera iguais todos os dias. Cada qual proceda de acordo com sua convicção. Quem distingue o dia age assim pelo Senhor. Quem come de tudo age assim pelo Senhor, porque dá graças a Deus. E quem não come abstém-se pelo Senhor e igualmente dá graças a Deus. Porque nenhum de vós vive para si mesmo, como nenhum de vós morre para si mesmo. Pois, se vivemos, é para o Senhor que vivemos; e, se morremos, é para o Senhor que morremos. Quer vivamos, quer morramos, pertencemos ao Senhor. Cristo morreu e voltou à vida para ser o Senhor tanto dos vivos como dos mortos. Por que julgas, então, o teu irmão? Ou por que desprezas o teu irmão? Todos temos de comparecer diante do Tribunal de Deus. Porque está escrito: "Por minha vida, diz o Senhor, diante de mim se dobrará todo o joelho e toda língua renderá homenagem a Deus". Assim, pois, cada um de nós dará conta a Deus.

(Rm 14)

PARE E REZE!

DISTRIBUIDORES DE EDIÇÕES LOYOLA

Acre

M. M. PAIM REPRESENTAÇÃO E COMÉRCIO
Rua Rio Branco do Sul, 331
69908-340 **Rio Branco,** AC - ✆ (068) 224-3432

Amazonas

PAULINAS
Rua 24 de Maio, 233 – Centro
69010-080 **Manaus**, AM
✆ (092) 233-5130 /Fax: (092) 633-4017

Bahia

DISTR. BAIANA DE LIVROS COM. E REPR. LTDA
Rua Clóvis Spínola, 40 - Orixás Center - loja II
Pav. A - 40080-240 **Salvador,** BA
✆ /Fax: (071) 329-1089

LIVRARIA E DISTRIBUIDORA MALDONADO LTDA.
Rua Direita da Piedade, 203
Bairro Piedade - 40070-190 **Salvador,** BA
✆ (071) 321-4024

EDITORA VOZES LTDA
Rua Carlos Gomes, 698A - Conj. Bela Center - loja 2
40060-330 **Salvador,** BA
✆ (071) 322-8666/ Fax: (071) 322-8666

PAULINAS
Av. 7 de Setembro, 680 - São Pedro
40110-001 **Salvador,** BA
✆ (071) 243-2477/ 243-2805/ Fax: (071) 321-5133

Brasília

EDITORA VOZES LTDA.
CRL/Norte - Q. 704 - Bloco A n. 15
70730-731 **Brasília,** DF
✆ (061) 223-2436/ Fax: (061) 223-2282

LETRAS E LÁPIS
SCS Quadra 01 Bloco D loja 11 Ed. JK
70350-731 **Brasília**, DF
✆ : (061)223-2684 — Fax: (061) 323-5414

PAULINAS
Bl. C - Lojas 18/22 - SCS - Q. 05
70300-909 **Brasília**, DF
✆ (061) 225-9595/ 9664/ 9219 / Fax: (061) 225-9219

PAULINAS
Rua CNB 13 - Lote 5 - Loja 1
72115-135 **Taguatinga**, DF - ✆ (061) 352-2625

Ceará

EDITORA VOZES LTDA.
Rua Major Facundo, 730 - 60025-100 **Fortaleza,** CE
✆ (085) 231-9321/ Fax: (085) 221-4238

PAULINAS
Rua Major Facundo, 332 - 60025-100 **Fortaleza,** CE
✆ (085) 226-7544/ 226-7398/ Fax: (085) 226-9930

Espírito Santo

"A EDIÇÃO" LIVRARIA E DISTRIBUIDORA
Av. Vitória, 787 - Forte São João
29010-580 **Vitória**, ES - ✆ (027) 223-5690/222-8628

PAULINAS
Rua Barão de Itapemirim, 216 - 29010-060 **Vitória,** ES
✆ (027) 223-1318/ Fax: (027) 222-3532

Goiás

EDITORA VOZES LTDA.
Rua 3 n. 291 - 74023-010 **Goiânia,** GO
✆ / Fax: (062) 225-3077

LETRAS E LÁPIS
Rua 03 n. 288 — Centro
✆ / Fax: (062) 224-0905 - 70306-900 **Goiânia**, GO

LIVRARIA EDIT. CULTURA GOIÂNA LTDA
Av. Araguaia, 300 - 74030-100 **Goiânia,** GO
✆ (062) 229-0555/ Fax: (062) 223-1652

Maranhão

PAULINAS
Rua de Santana, 499 - Centro - 65015-440 **São Luís,** MA
✆ (098) 221-5026/ Fax: (098) 232-2692

Mato Grosso

MARCHI LIVRARIA E DISTRIBUIDORA LTDA.
Av. Getúlio Vargas, 381 - Centro
78005-600 **Cuiabá,** MT
✆ (065) 322-6809 e 322-6967/ Fax: (065) 322-3350

Minas Gerais

EDITORA VOZES LTDA.
Rua Mármore, 326 - 31010-220 **Belo Horizonte**, MG
✆ (031) 461-1157

EDITORA VOZES LTDA.
Rua Espírito Santo, 963 - 36010-041 **Juiz de Fora**, MG
✆ / Fax: (032) 215-8061

ACAIACA DISTR. DE LIVROS LTDA.
Rua Itajubá, 2125 - 31035-540 **Belo Horizonte**, MG
✆ (031) 481-1910

ACAIACA DISTR. DE LIVROS LTDA.
Rua 129, nº 384 - Sta. Maria - 35180-000 **Timóteo**, MG
✆ / Fax: (031) 848-3225

ACAIACA DISTR. DE LIVROS LTDA.
Rua João Lustosa, 15/201 - Lourdes
36070-720 — **Juiz de Fora**, MG - ✆ / Fax: (032) 235-2780

PAULINAS
Av. Afonso Pena, 2.142 - 30130-007 **Belo Horizonte,** MG
✆ (031) 261-6623/ 261-7236 / Fax: (031) 261-3384

PAULINAS
Rua Curitiba, 870 - 30170-120 **Belo Horizonte,** MG
✆ (031) 224-2832/ Fax (031) 261-3384

PAULINAS
Rua Januária, 552 - 31110-060 **Belo Horizonte,** MG
✆ (031) 444-4400/ Fax: (031) 444-7894

Pará

PAULINAS
Rua Santo Antonio, 278 - Bairro do Comércio
66010-090 **Belém,** PA
✆ (091) 241-3607/ 241-4845/ Fax: (091) 224-3482

Paraná

EDITORA VOZES LTDA
Rua Dr. Faivre, 1271 - Centro - 80060-140 **Curitiba,** PR
✆ (041) 264-9112/ Fax: (041) 264-9695

EDITORA VOZES
Rua Voluntários da Pátria, 41 - centro
80020-000 **Curitiba**, PR - ✆ (041) 233-1570

EDITORA VOZES LTDA.
Rua Piauí, 72 - Loja 1 - 86010-390 **Londrina,** PR
✆ / Fax: (043) 337-3129

A LORENZET DISTRIB. E COM. DE LIVROS LTDA.
Av. São José, 587 loja 03 - 80050-350 **Curitiba,** PR
✆ (041) 262-8992

EXPRESSÃO CULTURAL LIVR. E PAPELARIA
Rua Alfredo Bufreu, 139 loja 05 - Centro
80020-000 **Curitiba**, PR - ✆ / Fax: (041) 224-2994

PAULINAS
Rua Voluntários da Pátria, 225 - 80020-000 **Curitiba,** PR
✆ (041) 224-8550/ Fax: (041) 226-1450

PAULINAS
Av. Getúlio Vargas, 276 - 87013-130 **Maringá,** PR
✆ (044) 226-3536/ Fax: (044) 226-4250

Pernambuco, Paraíba, Alagoas, R. G. do Norte e Sergipe
EDITORA VOZES LTDA.
Rua do Príncipe, 482 - Boa Vista - 50050-410 **Recife,** PE
✆ (081) 221-4100/ Fax: (081) 221-4180

PAULINAS
Rua Joaquim Távora Alegria, 71 - 57020-320 **Maceió,** AL
✆ (082) 326-2575/ Fax: (082) 326-6561

PAULINAS
Av. Norte, 3.892 - 52110-210 **Recife,** PE
✆ (081)441-6144/ FAX (081) 441-5340

PAULINAS
Rua Frei Caneca, 59 - Loja 1 - 50010-120 **Recife,** PE
✆ (081) 224-5812/ 224-5609/ Fax: (081) 224-9028

PAULINAS
Rua Felipe Camarão, 649 - 59025-200 **Natal,** RN
✆ (084) 212-2184/ Fax: (084) 212-1846

R. G. do Sul
EDITORA VOZES LTDA.
Rua Riachuelo, 1280 - 90010-273 **Porto Alegre,** RS
✆ (051) 226-3911/ Fax: (051) 226-3710

EDITORA VOZES LTDA.
Rua Joaquim Nabuco, 543
93310-002 **Novo Hamburgo,** RS - ✆ / Fax: (051) 593-8143

ECO LIVRARIA E DIST. DE LIVROS
Rua Cel. Ilário Pereira Fortes, 138/202 – Camaquã
91920-220 **Porto Alegre,** RS
✆ (051) 485-2417/ 241-2287

PAULINAS
Rua dos Andradas, 1.212 - 90020-008 **Porto Alegre,** RS
✆ (051) 221-0422/ Fax: (051) 224-4354

Rio de Janeiro
ZÉLIO BICALHO PORTUGAL CIA. LTDA
Av. Presidente Vargas, 502 - 17º andar
20071-000 **Rio de Janeiro,** RJ
✆ / Fax: (021) 233-4295/ 263-4280

EDITORA VOZES LTDA
Rua Senador Dantas, 118-I
20031-201 **Rio de Janeiro,** RJ - ✆ / Fax: (021) 220-6445

EDITORA VOZES LTDA
Rua Frei Luís, 100
Cx. Postal 90023 - 25685-020 **Petrópolis,** RJ
✆ (0242) 37-5112/ Fax: (0242) 31-4676

PAULINAS
Rua 7 de Setembro, 81-A - 20050-005 **Rio de Janeiro,** RJ
✆ (021) 224-3486/ Fax: (021) 224-1889

PAULINAS
Rua Doutor Borman, 33 - Rink - 24020-320 **Niterói,** RJ
✆ (021) 717-7231/ Fax: (021) 717-7353

Rondônia
PAULINAS
Rua Dom Pedro II, 864 - 78900-010 **Porto Velho,** RO
✆ (069) 223-2363/ Fax: (069) 224-1361

São Paulo
DISTRIBUIDORA LOYOLA DE LIVROS LTDA
Rua Senador Feijó, 120 - 01006-000 **São Paulo,** SP
✆ / Fax: (011) 232-0449/ 287-0688

DISTRIBUIDORA LOYOLA DE LIVROS LTDA.
Rua Barão de Itapetininga, 246
01042-000 **São Paulo,** SP - ✆ (011) 256-8073

DISTRIBUIDORA LOYOLA DE LIVROS LTDA.
Rua Quintino Bocaiúva, 234 - centro
01004-010 **São Paulo,** SP - ✆ (011) 232-1871

EDITORA VOZES LTDA.
Rua Senador Feijó, 168 - 01006-000 **São Paulo,** SP
✆ (011) 605-7144/ Fax: (011) 607-7948

EDITORA VOZES LTDA
Rua Haddock Lobo, 360 - 01414-000 **São Paulo,** SP
✆ (011) 256-0611/ 256-2831/ Fax: (011) 258-2841

EDITORA VOZES LTDA
Av. Rodriguez Alves, 10-37 - 17015-002 **Bauru,** SP
✆ / Fax: (0142) 34-2044

EDITORA VOZES LTDA.
Rua Barão de Jaguara, 1164/1166
13015-002 **Campinas, SP**
✆ (0192) 31-1323/ Fax: (0192) 34-9316

PAULINAS
Rua Domingos de Morais, 660 - 04010-100 **São Paulo,** SP
✆ (011) 549-9777 - R. 213/ 214/ Fax: (011) 549-9772

PAULINAS
Rua 15 de Novembro, 71 - 01013-001 **São Paulo,** SP
✆ (011) 606-4418/ 606-0602/ 606-3535/ Fax: (011) 606-3535

PAULINAS
Via Raposo Tavares, km 19,5 - 05577-200 **São Paulo,** SP
✆ (011) 810-1444/ Fax: (011) 810-0972

PAULINAS
Av. Marechal Tito, 981 - São Miguel Paulista
08020-090 **São Paulo,** SP - ✆ (011) 956-0162

Sergipe
LIVRARIA KYRIE
Av. Augusto Maynard, 543 49015-380 **Aracaju, SE**
✆ (079) 224-6279/ Fax: (079) 224-5837

Portugal
MULTINOVA UNIÃO LIV. CULTURAL
Av. Santa Joana Princesa, 12 E – 1700 **Lisboa,** Portugal
Fax: 848-3436/ 88-3365

LIVRARIA LER LTDA
Rua 4 de infantaria, 18-18A – 1350 **Lisboa,** Portugal
Tel.: 388-8371/ 60-6996/ Fax: 395-3471

Se o(a) senhor(a) não encontrar este ou qualquer um de nossos títulos em sua livraria preferida ou em nosso distribuidor, faça o pedido por reembolso postal diretamente a:

Edições Loyola

Rua 1822 nº 347 – Ipiranga – 04216-000 São Paulo, SP
C.P. 42.335 - 04299-970 São Paulo, SP / ✆ (011) 6914-1922/ Fax: (011) 63-4275
Home page: www.ecof.org.br/loyola
e-mail: loyola@ibm.net

Se você gostou desta publicação e gostaria de conhecer outras obras desta editora, preencha a ficha de cadastramento, nos envie e receba em casa informações atualizadas de nossas publicações.

FICHA DE CADASTRAMENTO

NOME: ____________________

ENDEREÇO: ____________________

__________ CEP: __________ FONE: __________

CIDADE: ____________________ ESTADO: __________

PROFISSÃO: ____________________

FORMAÇÃO: ( ) 1º Grau ( ) 2º Grau ( ) Superior

FAIXA ETÁRIA: ( ) De 0 a 14 ( ) De 15 a 30
( ) De 31 a 60 ( ) Mais de 60

RENDA FAMILIAR: ( ) Mais de 30 salários
( ) De 20 a 30 salários
( ) de 10 a 20 salários
( ) de 3 a 10 salários
( ) Menos de 3 salários

ÁREAS DE INTERESSE

- ☐ 000 Política/Sociologia
- ☐ 300 Ciências Sociais
- ☐ 160 Parapsicologia
- ☐ 100 Filosofia
- ☐ 380 Livros Didáticos
- ☐ 650 Comunicação
- ☐ 500 Educação
- ☐ 850 Literatura Inf.-Juvenil
- ☐ 700 Arte
- ☐ 150 Psicologia
- ☐ 001 Toda linha Loyola
- ☐ 320 Economia
- ☐ 200 Teologia/pastoral
- ☐ 400 Espiritualidade
- ☐ 800 Literatura
- ☐ 653 Relações Públicas
- ☐ 610 Saúde
- ☐ 900 História/Geografia

ENVIAR ESTA FICHA PARA EDIÇÕES LOYOLA

Rua 1822 nº 347 – Ipiranga – 04216-000 São Paulo, SP • C.P. 42.335 - 04299-970 São Paulo, SP